# USA – Nordwesten

## Washington · Oregon

Axel Pinck (Text) · Peter Frischmuth (Fotos)

# Grandiose Wildnis und moderne Zivilisation

*Großes Foto: Küste bei Kalaloch auf der Olympic-Halbinsel. Kleines Foto: Roche Harbor Resort auf San Juan Island.*

*Es sind die phantastischen Berg-, Vulkan- und Küstenlandschaften jenseits europäischer Maßstäbe, die den besonderen Reiz der Bundesstaaten Washington und Oregon ausmachen. Zugleich existieren hier mit Seattle und Portland zwei Städte, die zu den angenehmsten Amerikas gehören. Beide haben es geschafft, sich zu Hochburgen des multimedialen Computer-Zeitalters zu entwickeln.*

Rialto Beach im Nordwesten der Olympic-Halbinsel

Wildnis, die sich grandios in Szene setzt, eine Natur, die mit westeuropäischen Maßstäben nicht zu messen ist – das ist es, was die Besucher Washingtons und Oregons fasziniert: die eisbedeckten Gipfel der schlafenden Riesenvulkane Mt. Rainier und Mt. Hood, ein Insel-Irrgarten im Puget Sound zwischen Seattle und Vancouver Island, das unwirkliche Blau des Crater Lake im südlichen Kaskadengebirge, der tiefe, von Wasserfällen gesäumte Gebirgseinschnitt, durch den sich der Columbia River den Weg nach Westen bahnt, die Felsenküste des Pazifik, in dessen Buchten sich Treibholz türmt, der nördliche Regenwald mit Föhren, Moosen und Farnen auf der vergletscherten Olympic-Halbinsel oder der weite Horizont der High Desert, der Halbwüste im Südosten von Oregon.

**Wer in Seattle wohnt, lebt am Wasser. Der Puget Sound, eine tiefe Ausbuchtung des Pazifiks, verbindet die Stadt mit dem offenen Meer. Dieser Insel-Irrgarten erweist sich als ideales Segelrevier. Im Osten der Metropole erhebt sich die Cascade Range, im Südosten ragt die Eiskappe des Mt. Rainier in den Himmel. Auf der Olympic-Halbinsel im Südwesten gibt es Regenwälder, vergletscherte Alpinlandschaften und einsame Küsten – Seattle besitzt eine beneidenswerte Umgebung. Ein angenehmes Ambiente bietet aber auch die Stadt selbst, die zu einer weltweit führenden Softwareschmiede, zu einem Zentrum der Computertechnologie aufgestiegen ist.**

Segelboote auf dem Lake Union vor der Skyline von Seattle

Maultierhirsch auf einer Almwiese der Hurricane Ridge im Olympic N. P.

Hafen von Friday Harbor auf San Juan Island

»Hammering Man« in Seattle

Selbst die Großstädte sind nur einen Katzensprung von der Natur entfernt. Wer im feierabendlichen Verkehrsstau von Seattle festsitzt, kann bei klarem Wetter die schneebedeckten Gipfel des Mt. Rainier im Süden oder des Olympic Mountain im Westen bewundern. In den Wäldern nördlich von Portland und nur wenige Meilen von den High-Tech-Chip-Fabriken seines »Silicon Forest« leben Hirsche, Bären und selbst Pumas.

Wie ein Rückgrat durchzieht das Kaskadengebirge Washington und Oregon vom Mount Baker an der Grenze zu Kanada im Norden bis über den Crater Lake hinaus zur Grenze nach Kalifornien im Süden. Seine scharfzackigen Gipfel, die Gletscher, blaugrünen Seen und die im Sommer von Wildblumen übersäten Bergwiesen trennen den trockenen Osten vom feuchten Westen der beiden Bundesstaaten. So gibt es Regenwälder auf der Olympic-Halbinsel und im »Outback« Oregons wüstenähnliche Gebiete. Der Columbia River, der erst nach einem Lauf von mehr als 400 Meilen durch das kanadische British Columbia den Nordosten Washingtons erreicht und als einziger Fluß die Barriere der »Cascades« nach Westen durchbricht, verbindet mit seinem breiten Flußtal die landschaftlich so unterschiedlichen Regionen.

Die knapp 500 Meilen lange, wilde Küste zum Pazifik wird von der weiten Mündung des Columbia River und von einigen kürzeren Flüssen unterbrochen, die die reichlichen Niederschläge entlang der bewaldeten »Coast Range«-Hügelkette wieder ins Meer befördern. Wie an einer Perlenschnur liegen kleine Orte in den Buchten entlang der Küstenstraße US 101 aufgereiht. In ihren Häfen werden Holzfrachter beladen, liefern Fischerboote ihren Fang ab, kann man Urlauber treffen, die zu einem Hochseeangeltrip aufbrechen oder nur einmal das Treiben beobachten wollen. Der Zug mehrerer tausend Grauwale, die im Spätherbst in Sichtweite der Küsten von Alaska für ein halbes Jahr bis vor das mexikanische Baja California ziehen, um dort ihre Jungen zur Welt zu bringen, sowie der Flug Hunderttausender Zugvögel, die sich schon einige Wochen vorher gen Süden aufmachen und in geschützten Buchten eine Rast einlegen, gehören zu den spektakulären, sich jährlich wiederholenden Naturschauspielen.

## Olympic Peninsula: Der Regen hat einen Urwald erschaffen

Die Olympic-Halbinsel im Norden wird durch die Juan de Fuca-Wasserstraße und den Meeresarm des Puget Sound begrenzt. Das fast 2500 Meter aufragende Olympic-Gebirgsmassiv zwingt viele der vom Meer heranziehenden regenschweren Wolken, sich an seinen Westhängen zu erleichtern. Die anhaltenden Niederschläge haben eine grüne Zauberwelt geschaffen, einen Regenwald, in dem Douglasien und Sitkafichten mit Moosen und Epiphyten überwuchert sind, mit Farnen und Sträuchern, die den Waldboden bedecken. Der tief nach Süden ins Land reichende Puget Sound mit einem Gewirr von größeren und kleinen Inseln ist Heimat Abertausender Wasservögel, von Fischen und anderen Meerestieren. In den Gewäs-

Blick vom Washington Pass

Pause auf dem Baker Lake (unten)

sern der Juan de Fuca-Straße, die Washington von Kanada trennt, treffen Ausflugsschiffe und Kayakfahrer auf Orcas.

In dem geschützten Tal, das sich vom Puget Sound bis weit nach Süden hineinzieht, leben die meisten der neun Millionen Bewohner der beiden nordwestlichen Bundesstaaten in Städten wie Seattle, Tacoma oder Olympia in Washington sowie in Portland, Salem oder Eugene in Oregon. Auf fruchtbaren Böden und durch die Coast Range vor dem Pazifik geschützt, gedeihen Blumen, Früchte, Gemüse sowie Reben, die zu hervorragenden Weinen verarbeitet werden.

Jenseits der bis zu 4000 Meter aufragenden Gebirgskette der »Cascades« erstrecken sich durch Hügel aufgelockerte Ebenen, die wie das Columbia Basin in Washington durch künstliche Bewässerung zu einer Kornkammer entwickelt wurden. In den Flußtälern des Deschutes und Yakima gedeihen Gemüse, Früchte und Wein. Staudämme liefern preiswerte Elektrizität für die Flugzeugproduktion und andere energieintensive Wirtschaftszweige weiter im Westen. In den trockeneren Regionen östlich der »Southern Cascades« weiden Rinder und Schafe.

## Die Vulkane schlafen nur, im Untergrund brodelt es

Der 1980 mit ungeheurer Gewalt ausgebrochene Mount St. Helens hat eindrucksvoll demonstriert, daß die Vulkane des Kaskadengebirges nicht erloschen sind, daß sie nur mehr oder weniger fest schlafen. »Tsunami Evacuation Route« – Schilder an niedrig gelegenen Küstenstraßen, die den besten Fluchtweg bei durch Seebeben ausgelöste Flutwellen weisen, unterstreichen, daß die Erde hier noch nicht zur Ruhe gekommen ist. Die schmale »Juan de Fuca-Platte«, eine der kleineren Erdplatten, die den Globus bedecken, löst sich seit vielen Millionen Jahren von der nach Westen strebenden Pazifischen Platte und schiebt sich, nicht ohne Widerstand, nach Osten unter die Nordamerikanische Kontinentalplatte. Die Küstenregion von Washington und Oregon sowie das Kaskadengebirge fügen sich in die erdaktive Linie rund um den Pazifischen Ozean ein, den »Ring of Fire«, der bis in jüngster Zeit immer wieder Schauplatz von Erdbeben oder Vulkanausbrüchen gewesen ist. Ein dichtes Netz seismographischer Frühwarnstationen versucht bislang erfolgreich, die Bewohner des pazifischen Nordwestens rechtzeitig zu informieren, um sie vor größerem Schaden zu bewahren.

Menschen haben die imposanten Landschaften erst spät entdeckt. Zum Ende der letzten Eiszeit vor etwa 20- bis 25 000 Jahren sind Nomaden aus Ostasien über die damals verlandete Beringstraße auf den nordamerikanischen

Kontinent eingewandert. In den Eispanzern war zu jener Zeit so viel Wasser gebunden, daß die Küstenlinie 100 Meter niedriger lag als heute.

Die Menschen erreichten das Gebiet des heutigen Washington und Oregon über einen breiten Korridor, den die Gletscher ausgespart hatten, und breiteten sich im Laufe vieler tausend Jahre bis

Sattelmacherin in Mazama

nach Südamerika aus. In der Durchgangsregion für zahlreiche Generationen und Stämme belegen Funde von Speerspitzen und Werkzeugteilen bei Fort Rock in Oregon und in der Nähe von Wenatchee in Washington indianische Bewohner vor 11500 bis 13500 Jahren.

## Im Nordwesten gab es verschiedene Indianerkulturen

Das vor etwa 500 Jahren von einem Erdrutsch verschüttete und in Teilen wieder freigelegte Dorf »Ozette Village« auf dem Territorium der Makah Reservation im Westen der Olympic-Halbinsel gibt Aufschlüsse über die Lebensweise der indianischen Bewohner. Sie lebten vorwiegend von den Schätzen des Meeres und jagten Robben, Seelöwen und Wale. Ihre aus Holz und Baumrinde um eine zentrale Feuerstelle gefertigten Langhäuser, in denen Großfamilien zusammenlebten, maßen bis zu 30 Metern. Der Häuptling gebot über die Vorräte; Verteilungsfeste, »Potlaches«, erhöhten Ansehen und Einfluß. Kunstvoll geschnitzte Totempfähle erzählen die Geschichte der Klans, berichten von Heldentaten und berühmten Vorfahren und demonstrieren ebenso

Blick auf den Crater Lake in den Southern Cascades in Oregon

**Die schroffe Gebirgskette der Northern und die Vulkanberge der Southern Cascades ziehen sich wie eine Barriere von Norden nach Süden. Eine einsame Landschaft von eindrucksvoller Schönheit. Wer sie erkunden will, sollte festes Schuhzeug mitbringen. Zahlreiche Wanderwege führen zu Bergseen und Gletscherzungen, durch alpine Wälder und über Almwiesen. Die üppiggrüne Pflanzenwelt verdankt das Gebirge den Wolken vom Pazifik, die an den Dreitausendern aufsteigen müssen, abkühlen und sich dabei meist abregnen. Jenseits der Bergbarriere im Osten ist es trocken, die Felder müssen dort künstlich bewässert werden.**

Board Walk und Saloon: Winthrop präsentiert sich als Westernstadt

Der 3427 Meter hohe Gipfel des Mt. Hood überragt Portland

Cape Meares: eines der »Three Capes« an der Küste von Oregon

wie farbenprächtige Tanzmasken Kunstsinn und Wohlstand der Bewohner. Östlich der »Cascades«, in den trockeneren und weniger wildreichen Regionen, lebten nomadisierende Stämme vom Sammeln wilder Früchte und Wurzeln sowie der Jagd. Während der jährlichen Lachswanderungen fingen die Vorfahren der Nez Percé, der Cayusa und Yakima die Fische, um sie am Feuer zuzubereiten oder für den Winter zu trocknen. Celico Falls am Columbia River, etwa auf der Höhe des heutigen »The Dalles«, galt damals als einer der wichtigsten indianischen Handelsplätze Nordamerikas.

Das Gebiet nördlich und südlich des Columbia River ist als eines der letzten des Kontinents von europäischen Seefahrern und Eroberern entdeckt worden. Der in spanischen Diensten fahrende Kapitän Juan Rodriguez Cabrillo erreichte 1543 von Süden immerhin die Mündung des Rogue River, bevor er vom Nebel entnervt abdrehte. 1592 drang ein spanisches Schiff unter Juan

**Die Zivilisation hat an der Küste von Washington und Oregon nur wenige Spuren hinterlassen. Die Unberechenbarkeit und Gewalt des Pazifiks haben den Bau von großen Häfen verhindert. Deshalb ist diese Landschaft in erster Linie ein Naturerlebnis mit bewaldeten Vorgebirgen und zerklüfteten Steilküsten, an denen sich die Wellen tosend brechen. An einigen Stellen gibt es traumhafte Sandbuchten, an denen sich ausgebleichtes Treibholz stapelt. Zum Baden eignet sich der Pazifik so weit nördlich nicht, denn das Wasser ist zu kalt. Zweimal im Jahr ziehen vor dieser Küste Grauwale vorbei, neugierig beobachtet von zahlreichen Whale Watchers.**

Das Cape Meares Lighthouse weist seit 1890 Schiffen den Weg

Im Harris Beach State Park kommen Eichhörnchen bis an die Felsküste

Von Ilwaco geht eine große Fischereiflotte auf Lachsfang

Urlaubsidylle zu zweit: Sonnenuntergang an der Küste des Olympic National Park

de Fuca in die Meerespassage zwischen der Olympic-Halbinsel und Vancouver Island vor. Fast 200 Jahre später, nicht lange nach ihrem Sieg im Kolonialkrieg gegen die Franzosen, erreichten die Engländer die Region. James Cook suchte 1778 die Nordwestpassage nach Asien, 1792 erforschte George Vancouver den Puget Sound. Der amerikanische Kapitän John Gray aus Massachusetts entdeckte im selben Jahr die Mündung eines mächtigen Flusses und taufte diesen nach dem Namen seines Schiffes »Columbia«.

Merriwether Lewis und William Clark erforschten und beschrieben im Auftrag von US-Präsident Jefferson das von Napoleon erworbene Louisiana Territorium, das bis zu den Rocky Mountains reichte. Sie drangen weiter nach Westen bis zum Pazifik vor, wo sie den Winter 1805/06 verbrachten.

In den nächsten Jahren entdeckten Pelzhandelsgesellschaften den Wildreichtum der Wälder: die Northwest Co., die später dominierende Hudson Bay Co. und die amerikanische Pacific Fur Trading Co. Die nun langsam einsetzende Besiedlung mit weißen Pionieren, zunächst meist niedergelassene ehemalige Pelzjäger mit ihren indianischen Frauen, war begleitet von wachsenden Problemen der indianischen Bewohner. Diese sahen sich von ihrem Land vertrieben, starben zu Tausenden an bisher unbekannten Infektionskrankheiten. Missionare versuchten, sie zu bekehren.

## Über den »Oregon Trail« wurde das Land von den Weißen besiedelt

Nachdem das Territorium am Pazifik lange Jahre von Großbritannien und den USA gemeinsam verwaltet worden war, entschieden sich die 900 Siedler 1843 in einer Abstimmung für die Anbindung an die USA. Innerhalb weniger Jahre wanderten mehr als 50000 Kolonisten in großen Planwagentrecks über den »Oregon Trail« nach Westen.

Der letzte Widerstand der Indianer wurde 1877 mit der Kapitulation der Nez Percé und ihrer Deportation in Reservate gebrochen. Gegen Ende des 19. Jahrhunderts begannen die Abholzung der Wälder, die Elektrifizierung und Industrialisierung in großem Stil.

In den letzten Jahren ist die Region dank erfolgreicher Naturschutzprogramme, dem enormen Job-Potential der hier ansässigen Chip- und Softwareschmieden sowie der attraktiven Städte erneut zu einem begehrten Einwanderungsziel für mobile Amerikaner geworden. Auch eine wachsende Zahl von Urlaubern entdeckt die Region mit ihren urgewaltigen Landschaften, erliegt der »Magie des pazifischen Nordwestens«. Mit 440000 Quadratkilometern sind die beiden Bundesstaaten etwa so groß wie Österreich und Deutschland zusammen. Doch am Pazifik leben nur neun Millionen Menschen. Es ist also noch immer Platz genug für alle vorhanden.

# City zwischen Puget Sound und Kaskadengebirge

*Großes Foto: Skyline von Seattle mit Mt. Rainier. Kleines Foto: Am Lake Union.*

*Die Wolkenkratzer zeugen von der dynamischen Entwicklung Seattles zur wichtigsten Metropole des Nordwestens. Zu verdanken hat die Stadt dies der Computer- und High-Tech-Industrie. Obwohl der Boom auch Probleme verursacht hat, ist Seattle sympathisch geblieben. Schon mehrfach wurde sie zur »lebenswertesten Stadt der USA« gewählt. Ein Grund für die Auszeichnung ist die phantastische Lage zwischen Puget Sound und Kaskadengebirge mit dem Mt. Rainier in Sichtweite.*

Er gehört einfach dazu, der Regen. Zumindest im Winterhalbjahr. Auch wenn die Statistiker behaupten, daß es in Seattle weniger regnet als in Chicago, Boston, Atlanta oder New York. Die Wolken kommen von Westen, vom Pazifik, regnen sich meist schon an der Westflanke des Gebirgsmassivs der Olympic-Halbinsel ab, haben sich jedoch häufig noch etwas aufgespart für die Landschaften und Städte um den Puget Sound westlich des Kaskadengebirges.

Dank des Regens gedeiht die Flora besonders üppig, und auch den Menschen scheint das abwechslungsreiche Klima zu gefallen. Schließlich gehören Seattle und der Puget Sound zu den Regionen in den USA, die am schnellsten wachsen. Zwar ist die Einwohnerzahl in der Stadt selbst in den letzten Jahren bei etwas mehr als einer halben Million konstant geblieben, aber im unmittelbaren Einzugsbereich, der »Metropolitan Area«, ist sie von zwei auf drei Millionen gestiegen.

Das moderate Klima ist nur einer der Gründe für die wachsende Popularität der Pazifik-Metropole. Hinzu kommt die vielgepriesene Lebensqualität mit der prominenten Lage am tief ins Landesinnere verzweigten Meeresarm des Puget Sound, der sich von der kanadischen Grenze 250 Kilometer weit nach Süden bis nach Olympia, der Hauptstadt von Washington, erstreckt. Das Massiv der schneebedeckten Olympic Mountains kann man an klaren Tagen westlich der Stadt ausmachen. Im Osten erheben sich die Cascade Mountains, deren von Gletschern gekrönter höchster Gipfel Mt. Rainier, »The Mountain«, wie ein fernes Trugbild von Südosten herüberschimmert.

## Wandel von der Holzfällerstadt zur High-Tech-Metropole

Das Image einer langweiligen Holzfällerstadt am Rande des Kontinents hat Seattle längst abgelegt. Bereits 1916, nur 13 Jahre nach dem ersten Motorflug der Gebrüder Wright über die Sanddünen der Kill Devil Hills an der Atlantikküste im fernen North Carolina, gründete der 35jährige William Boeing mit seinem Studienkollegen Conrad Westerveldt eine Firma zur Konstruktion und für den Betrieb von Flugzeugen, startete die erste Boeing, ein Wasserflugzeug, auf dem Lake Union nördlich des Stadtzentrums. Aus der Boeing Air Transport, die

Antiquitätengeschäfte, Restaurants und Cafés haben sich um den Pioneer Square angesiedelt

Sobald das Wetter es zuläßt, genießt man draußen seinen »Latte«

**Die »Century 21« genannte Expo von 1962 rückte Seattle erstmals in den Blickpunkt der Weltöffentlichkeit. Die Space Needle, seitdem Wahrzeichen der Stadt, galt als Symbol der Zukunft und des Fortschritts. Heute beschreitet Seattle wieder neue Wege mit den Produkten von Microsoft und anderen Software-Giganten, die an einer digitalen, interaktiven Welt von morgen basteln.**

Victor Steinbrueck Park, beim Pike Place Market, im Zentrum von Seattle

Space Needle bei Nacht

1927 als erste Fluggesellschaft eine kommerzielle Verbindung zwischen Chicago und San Francisco anbot, hat sich mit »United« eine der weltweit größten Airlines entwickelt. Mit der Massenfertigung der B-17- und B-29-Bomber während des Zweiten Weltkrieges wuchs Boeing zum Industriegiganten, mit der Produktion des zivilen Düsenflugzeuges Boeing-707 Ende der fünfziger Jahre zum noch immer weltweit führenden Flugzeugbauer. Auch heute montiert die Boeing

Die Monorail fährt zum Seattle Center

Corporation mit 100000 Mitarbeitern die meisten ihrer mehr als 500 pro Jahr ausgelieferten Passagierflugzeuge in Seattle und Umgebung und beschäftigt darüber hinaus etwa 5000 Zulieferfirmen in der Region.

»Wenn Boeing hustet, ist auch Seattle krank«, hieß es noch in den siebziger Jahren, als der Flugzeugbauer in Schwierigkeiten geriet und Leute entlassen mußte. Und auch heute rationalisiert das Unternehmen weiter, denn die europäische Konkurrenz von Airbus sitzt dem Industriegiganten im Nacken.

Aber inzwischen hat sich die Wirtschaftsstruktur am Puget Sound drastisch verändert. Im Jahr 1975 gründete William H. Gates, ein junger Computertüftler, mit seinem Studienfreund Paul Allen in Albuquerque, New Mexico, das Softwareunternehmen »Microsoft«, mit dem er nur vier Jahre später nach Redmond, in die Nähe seiner Heimatstadt Seattle übersiedelte. Die inzwischen größte Softwareschmiede der Welt, deren Betriebssystem »Windows« zum

Brunnen auf dem Gelände der ehemaligen Weltausstellung (unten)

Puget Sound: Segeltörn entlang Bainbridge Island

universellen Standard für Personal Computer geworden ist, hat die Computerindustrie zum zweiten wirtschaftlichen Standbein der Region entwickelt. Von Redmond steuert inzwischen auch der japanische Spielegigant Nintendo seine nordamerikanischen Aktivitäten.

Im Umkreis von Microsoft und in Seattle haben sich in den letzten Jahren Tausende von Softwareunternehmen niedergelassen. In hochmodernen Laboratorien und in umgebauten Vorstadtgaragen entwerfen Forscher, Bastler und »Genies« das Modell einer digitalen Zukunftswelt, in der Menschen, Medien und Maschinen interaktiv und umfassend kommunizieren, in der Wirklichkeit und virtuelle Realität verschmelzen.

Zugleich bildete sich an den Hochschulen der Stadt ein medizinischer Forschungskomplex heraus, der in verschiedenen Zweigen der Biotechnologie sowie der Funktion, Störung und Stabilisierung von Immunsystemen inzwischen weltweite Bedeutung erlangt hat. Neben öffentlichen Mitteln fließen auch private Gelder in diesen Forschungsbereich. So hat Microsoft-Chef Bill Gates seit 1992 den Aufbau eines inzwischen renommierten Instituts für molekulare Biotechnologie mitfinanziert. Das Fred Hutchinson Institut für Krebsforschung, weltweit führend auf dem Gebiet von Knochenmarktransplantationen, betreibt Grundlagenforschung auf den Gebieten der Genstruktur sowie der Molekular- und Zellbiologie.

## Die City lebt und ist kein ödes Bürozentrum

Wer als Besucher der Stadt durch »Downtown« schlendert, wird nur einige Auswirkungen der wirtschaftlichen und technologischen Modernisierung erkennen und sich ansonsten am munteren Treiben erfreuen. Die City hat sich in den letzten Jahren herausgeputzt, glänzende Wolkenkratzer ragen in den Himmel, doch die Innenstadt wirkt nicht steril

An Pier 55/56 startet das Boot nach Blake Island

Die »Spezialität« des erstmals 1907 eröffneten Pike Place Market sind Fisch und Meeresfrüchte

Pier 70 Ainsworth & Dunn Warf

Restaurant direkt am Wasser (unten)

**Seattle ist als Hafenstadt groß geworden. Holz und Felle hießen die ersten Umschlagprodukte. Während des Goldrausches von Klondike schifften sich hier Goldsucher ein, wurden Frachter mit Lebensmitteln, Handwerkszeug und Grubenausrüstungen beladen. Heute gehört die »Waterfront« zu den wichtigsten Touristenattraktionen der Stadt. Eine nostalgische Straßenbahn fährt den Alaskan Way hinunter, vorbei an den Piers, von denen heute Ausflugs- und Fährschiffe ablegen.**

oder ausgestorben. In Restaurants und Szenekneipen pulsiert bis in den Abend das Leben. Fußgänger flanieren im Viertel um den Pioneer Square, im International District, die Piers des Alaskan Way am Waterfront Park entlang oder durch das Gewimmel des »Pike Place Market«.

Der schon 1907 als schlichter »Farmers Market« entstandene Umschlagplatz für landwirtschaftliche Produkte hat sich zu einer der Attraktionen Seattles gemausert. Neben Dutzenden von Gemüse-, Frucht- und Blumenständen mit einem überwältigenden Angebot türmen sich Mönchsfische, verschiedene Lachsarten, Tintenfische, Muscheln, Krebse oder Langusten zu kunstvollen Arrangements in den Auslagen der Arkadengänge. An endlos scheinenden, auf verschiedenen Ebenen angelegten Gängen öffnen sich zahlreiche kleine Geschäfte, Restaurants und Imbisse, vom indischen Gewürzshop bis zum Laden für gebrauchte Lampen.

## Die amerikanische »Kaffee- und Bierrevolution« ging von Seattle aus

Die Straßen um den »Pike Place Market« bieten ein ähnlich chaotisch-sympathisches Bild. In den allgegenwärtigen Coffee-Shops wird nicht die traditionell dünne »Brühe« ausgeschenkt, sondern kräftiger Espresso, Capuccino, vor allem aber Café Latte, Milchkaffee mit würzigen, vorwiegend kolumbianischen Röstungen. Dazu gibt es Croissants und Muffins. Von Seattle aus hat die »Kaffeerevolution« die USA bis zum letzten Bundesstaat erfaßt. Selbst in Cafés ländlicher Regionen Washingtons oder Oregons ruft die Bestellung »One Latte« keine verwirrten Blicke mehr hervor. »Starbuck's«, 1971 in Seattle gegründeter Pionier des neuen Kaffeekultes und inzwischen dessen Marktführer, schickt sich gegenwärtig an, Espressobars in Italien (!) zu eröffnen.

Wie beim Kaffee hat auch beim Bier die Rückbesinnung auf guten Geschmack zunächst im Nordwesten der USA eingesetzt. »Micro-Breweries« zwischen Seattle und Olympia sowie in Portland brauten als erste süffige Biere für einen lokalen Markt, mit inzwischen vielen Dutzend Nachahmern in ganz Nordamerika. Gemeinsam mit Portland gilt Seattle als Spitzenadresse formidabler Restaurants, deren »Northwest Cuisine« in Feinschmeckerkreisen einen hervorragenden Klang hat.

Seattle rühmt sich seiner lesefreudigen Bewohner, die der Stadt zur höchsten Dichte von Buchläden in den USA verholfen haben. Die Elliott Bay Book Company in der South Main Street, ein verschachtelter, weiträumiger Buchladen mit ungeheurer Auswahl, gemütlichen Schmökerecken, einem Café sowie abendlichen Diskussionsveranstaltungen und Lesungen, ist der Liebling der bibliophilen Seattlites.
Mit den meisten professionellen Theaterensembles nach New York und Chicago, einem städtischen »Corporate Council for the Arts«, das regionale Kultureinrichtungen unterstützt, mit starkem privatem Kultursponsoring, das immerhin 210 Millionen Dollar für den Bau des 1998 eingeweihten wunderbaren Benaroya-Konzertgebäudes aufzubringen imstande war, einem Aufsehen erregenden postmodernen Kunstmuseum sowie einem engagierten öffentlichen Kulturprogramm ist Seattle auch eine Stadt der Musen.

## Seattle ist längst keine »kulturelle Einöde« mehr

Moderne Musik ist verknüpft mit dem Namen des hier geborenen, begnadeten Gitarristen Jimi Hendrix, der seine Heimatstadt nur selten besuchte, nun aber seit 1970 auf dem Greenwood Memorial Park-Friedhof des südlichen Vororts Renton begraben liegt. Mit großzügiger Unterstützung des Microsoft-Mitgründers Paul Allen, einem erklärten Fan des einstigen Superstars, entsteht in der weitläufigen Anlage des Seattle Centrum am nördlichen Rand der City ein »Music Experience – Museum of Rock 'n' Roll« in Form einer Riesen-Gitarre mit geborstenen Saiten.
Das Seattle Centrum mit verschiedenen Museen, Veranstaltungsräumen und Sportanlagen, mit der einst futuristischen »Space Needle«, von deren 160 Meter hohen Aussichtsplattform man einen phantastischen Blick auf die Stadt und die Region hat, ist als markantes Relikt der Weltausstellung »Century 21« von 1962 übriggeblieben. Eine »Monorail« fährt von dort zum Westlake Center.

Den »Grunge« der neunziger Jahre hat Jimi Hendrix nicht mehr erlebt. Die Zeitgeistmusik mit dem Image zorniger Ablehnung von Erfolg und Kommerz stürmte aus den Rockkellern Seattles mit Bands wie »Nirvana«, »Soundgarden« und »Pearl Jam« kommerziell äußerst erfolg-

Südlich von Seattle liegt die Landeshauptstadt Olympia mit ihrem State Capitol von 1927

Poulsbo am Westufer des Puget Sound

Wasserflugzeug im Hafen von Brownsville (unten)

reich weltweit die Hitparaden, hatte jedoch schon vor dem Freitod des Nirvana-Leadsängers Kurt Cobain im Frühjahr 1994 ihren Zenit überschritten. In den Clubs des Belltown-Stadtviertels trifft man heute die Nachfahren des »Grunge« auf der Suche nach neuen musikalischen Ausdrucksformen jenseits von »House« und »HipHop«.

## Ein weiser Indianerhäuptling gab der Stadt ihren Namen

Die ersten weißen Siedler kamen 1851 vor knapp 150 Jahren in die Region des buchtenreichen Puget Sound. Sie ließen sich zunächst am Alki Point nieder, zogen dann jedoch weiter nach Norden, zu einem besseren Hafenplatz. Von diesem konnte das in den Wäldern geschlagene wertvolle Holz, an dem einige Familien reich wurden, verschifft werden. Viele der Wälder sind, sofern sie nicht unter Naturschutz stehen, inzwischen abgeholzt.
Nach dem weisen Duwamish-Häuptling Sealth, der sich 1855 gegenüber den Weißen ins Unvermeidliche fügte und die Bedingungen für den Rückzug seines Volkes in eine Reservation aushandelte, benannten die Bewohner ihre Hafen- und Holzfällerstadt Seattle. Das Grab des Häuptlings befindet sich auf der Kitsap-Halbinsel. Seine resignierte Abschiedsrede, heute als nationales Kulturgut verehrt, in der er den Menschen als »Teil der Erde« und des Naturkreislaufes begreift und die mit einem fatalistischen Ausblick »Vielleicht werden wir doch – Brüder. Wir werden sehen«, endet, verhallte ohne Konsequenzen.

Das Schiffsschrauben-Denkmal am Hafen erinnert an die Schiffbautradition von Bremerton

Die moderne Seite der Hafenstadt Tacoma: das Theater on the Square

In Fort Nisqually bei Tacoma handelte die Hudson Bay Co. einst mit Fellen

**Die Puget Sound ragt etwa 150 Kilometer weit ins Land hinein. Am Ostufer dieses reich gegliederten Meeresarms entstanden die Siedlungszentren des Landes. Heute befinden sich hier alle größeren Städte: Seattle, Olympia und Tacoma. Rund die Hälfte der Bevölkerung Washingtons lebt in dieser Region.**

Vielleicht wäre die Entwicklung von Seattle anders verlaufen, hätte der designierte Hochschulpräsident der Holzfällerstadt Asa Mercer sich nicht doch überzeugen lassen, für die nahezu frauenlose Kommune heiratswillige Damen anzuwerben. Ein erster Versuch »brachte« elf zukünftige Ehefrauen. Bei der zweiten Reise 1865 nach Washington D. C. zu einem Termin mit Präsident Lincoln erreichte Mercer die ferne Bundeshauptstadt erst wenige Tage nach dessen Ermordung. Doch Mercer hatte Glück im Unglück, er stieß auf General Grant, den »Helden« des Bürgerkrieges, der 1853 selbst in Fort Vancouver am Columbia River als junger Leutnant gedient hatte. Mit logistischer Unterstützung der Armee und dem Einsatz vieler Dollars heiratswilliger Junggesellen erreichten Asa Mercer, seine Ladung von 200 Bräuten sowie ein Reporter der »New York Times« nach langer, stürmischer Seefahrt um das Kap der guten Hoffnung Seattle und eine Pier, auf der sich frischgebadete und glattrasierte Heiratskandidaten drängten. Mercer selbst hatte bereits auf der Seereise seine Traumfrau gefunden, heiratete und verzichtete auf eine Universitätskarriere, um jenseits des Kaskadengebirges eine Rinderfarm zu betreiben.

In Everett, nördlich von Seattle, werden Boeing-Flugzeuge der Typen 747, 767 und 777 montiert

In Redmond bei Seattle wandeln die Mitarbeiter von Microsoft mittags über den »Walk of Fame«

Microsoft-Chef Bill Gates hat sich am Lake Washington für 100 Millionen Dollar ein Heim gebaut

## Der Goldrausch am Klondike verwandelte Seattle

Seinen ersten Wirtschaftsboom erlebte Seattle vor gut 100 Jahren, nicht lange nachdem ein Feuer 1889 große Teile der Stadt in Schutt und Asche gelegt hatte. Das Dampfschiff »Portland« überbrachte 1897 zusammen mit einem Tresor voller »Nuggets« die Kunde von märchenhaften Goldfunden am Klondike. Zehntausende von Glücksrittern machten sich auf zu den Schürfstätten, die meisten über Seattle, wo sie sich mit Ausrüstung und Lebensmitteln versorgten. Die Sägemühlen- und Hafenstadt für die Holzwirtschaft verwandelte sich fast über Nacht in eine Handels- und Fabrikationsbasis, die auch nach dem Ende des Goldrausches in Alaska weiter bestehen konnte.

Nach wie vor werden Industriegüter, Agrar- und Holzprodukte über die Kaianlagen von Tacoma und Seattle umgeschlagen. Die Containerhäfen im Puget Sound gehören neben Oakland und Long Beach im südlichen Kalifornien zu den wichtigsten Bindegliedern der Vereinigten Staaten zu den asiatischen Märkten. Japan ist der bedeutendste ausländische Handelspartner Seattles, gefolgt von Südkorea, Kanada und Taiwan. Erst an fünfter Stelle folgt mit Großbritannien ein Atlantikanrainer. Hochtechnologie und Multimedia-Gesellschaft – und drumherum grandiose Wildnis: Aus diesem engen Nebeneinander scheinbar unvereinbarer Gegensätze bezieht Seattle, die frühere Holzfällersiedlung und heutige »Boomtown«, ihre besondere Magie.

# REISE-INFO *SEATTLE*

**Karte:** Seite 112/113, Planquadrat C 4.

**Anreise: Per Flugzeug:** Der internationale Flughafen Sea-Tac (Tel. 206/431-4444) liegt auf halber Strecke zwischen Seattle und Tacoma nahe der I-5. Er bedient Flüge nach Europa, Kanada, Asien und in den südpazifischen Raum ebenso wie viele Inlandsstrecken. Der Gray Line Airport Express verkehrt zwischen dem Flughafen und verschiedenen Hotels der Innenstadt für 7,50 US-$ pro Strecke. Der Shuttle Express (Tel. 206/622-1424) bringt Passagiere für 16 bis 30 US-$ im Stadtbereich an die Haus- oder Hoteltür. Ein Taxi nach Seattle kostet mindestens 30 US-$.
**Mit dem Pkw:** Die Interstate 5 führt von der kanadischen Grenze über Seattle und Portland nach Kalifornien. Die Interstate 90 kommt von Osten, erreicht Spokane, quert die Cascades und endet dann in Seattle.
**Mit der Fähre:** Personen- und Autofähren der Washington State Ferries (Tel. 206/464-6400) verbinden Seattle von verschiedenen Piers am Hafen mit Orten am Puget Sound. Mit Friday Harbor in den San Juan Islands und Victoria, der Hauptstadt des kanadischen British Columbia auf Vancouver Island, besteht ein täglicher Fährverkehr.
**Mit Bus und Bahn:** Die Greyhound Station (Tel. 206/628-5508) befindet sich an der Kreuzung von 8th Ave./Stewart St. Die Züge (Tel. 800/872-7245) halten an der King Street Station an der 3rd Ave. S.

**Stadtverkehr:** Taxis können an der Straße angehalten oder per Telefon bestellt werden, z. B. von Yellow Cabs (Tel. 206/622-6500). Die Benutzung der Innenstadtbusse von Metro Seattle (Tel. 206/553-3000) ist von 6–19 Uhr kostenlos. Tagespässe für das gesamte Bussystem schließen auch die Monorail-Bahn vom Seattle Center zum Westlake Shopping Center (B 3) sowie eine Straßenbahnlinie entlang der Wasserlinie mit ein.

**Unterkunft:** Das »Holiday Inn Express« (226 Aurora Ave. N., Tel. 206/441-7222, Fax 441-0786) bietet preisgünstige Unterkünfte mit kleinem Indoor-Pool unmittelbar in der Nähe des Stadtzentrums. Im nicht billigen »Edgewater« (Pier 67, 2411 Alaskan Way, Tel. 206/728-7000, Fax 441-4119) ziehen Fähren und Frachter nicht weit am Hotelfenster vorbei. Das »Seattle YMCA« (909 4th Ave., Tel. 206/382-5000, Fax 233-0335) bietet einfache, preisgünstige Unterkünfte, mit Pool und Fitneßclub. Das »Bellevue Club Hotel« (11200 SE 6th St., Bellevue, Tel. 425/454-4424, Fax 688-3101) östlich des Lake Washington gehört zu den besten Hotels am Puget Sound.
Viele der viktorianischen Stadtvillen von Tacoma sind in attraktive Bed & Breakfast Inns umgewandelt worden. »The Greater Tacoma B & B Reservation Service« hilft beim Aussuchen und Reservieren (Tel. 253/759-4088).

**Restaurants:** Das »Fullers« (im »Seattle Sheraton«, 1400 6th Ave., Tel. 206/447-5544) gehört mit seiner experimentierfreudigen Spitzenküche zu den Top-Restauranttips der Stadt. Im »Saigon Gourmet« (502 S. King St., Tel. 206/624-2611) sind in schlichter Umgebung und zu günstigen Preisen vietnamesische Kochkünstler am Werk. In »Emmy Watson's Oyster Bar« (1916 Pike Pl., Tel. 206/448-7721) werden zu einem kühlen Bier Austern geschlürft, und das zu erstaunlich günstigen Preisen. Viele halten das »Rover's« (2808 E. Madison St., Tel. 206/325-7442) in Capitol Hill mit Küchenchef Thierry Rautereau für das Spitzenrestaurant von Seattle.
In »Ivar's Salmon House« (401 NE Northlake Way, Tel. 206/632-0767) am Nordende des Lake Union wird der Lachs auf traditionelle indianische Weise zubereitet und im Nachbau eines Langhauses serviert.
Zu den vielen Kaffeehäusern der Stadt gehört das »Torrefazione Italia« (320 Occidental Ave. S., Tel. 206/624-1429), in dem auch gutes Gebäck gereicht wird. Sehr zentral liegt »Starbuck's« (102 1st S., Tel. 206/382-2656).
Der beste Café Latte wird bei »Uptown Espresso« (Tel. 206/281-8111; 525 Queen Anne Ave. N) ausgeschenkt. Das »Harbor Lights« in Tacoma (Tel. 253/752-600, 2761 Ruston Way) bietet gute Fisch- und Muschelgerichte. Die »New Day Seafood Eatery« in Poulsbo (Tel. 360/697-3183, 325 Northeast Hostmark St.) serviert frischen Fisch.

In Seattle selbst leben etwa eine halbe Million Menschen, im Großraum fast drei Millionen

**Nachtleben:** Tickets für Veranstaltungen und Konzerte desselben Tages erhält man zum halben Preis bei »Ticket/Ticket« in den Verkaufsstellen am Pike Place Market und in Capitol Hill (401 Broadway E., Tel. für beide 206/324-2744). Unter den klassischen Ensembles von Seattle ragt die »Opera« (1020 John St., Tel. 206/389-7676) heraus. Die »Seattle Symphony« (200 University St., Tel. 206/215-4700) spielt bereits in der neuerrichteten Benayora Hall, die bald auch Spielstätte der Oper sein wird.

Das »Bohemian Café« (111 Yesler Way) gilt als führender Blues- und Reggae-Club der Emerald City. In »Dimitriou's Jazz Alley« (2033 6th Ave., Tel. 206/441-9729) gibt es jeden Abend Jazz. Im »The Backstage« (2208 NW Market St., Tel. 206/781-2805) sind die aktuellen Trends zu Hause sowie Afro-Pop, Zydeko oder Grunge. Im »The Pike Hub and Brewery«, einem klassischen Brew-Pub gibt es hausgebrautes Bier bis 2 Uhr nachts (1415 1st Ave., Tel. 206/622-6044).

Bis spät abends kann man auch im exzellenten Buchladen »Elliott Bay Book Co.« stöbern oder Lesungen besuchen (101 S. Main St., Tel. 206/624-6600).

**Sehenswürdigkeiten/Museen:** Das Burke Museum of Natural History and Culture (Campus der Universität Washington, 17th Ave. NE/NE 45th St., tgl. 10–17 Uhr) präsentiert das kulturelle Erbe v. a. der indianischen Bewohner und die Naturgeschichte des Nordwestens.

Im Klondike Gold Rush National Historical Park, einem anschaulich gestalteten Museum, wird die Geschichte des Goldrausches von 1897 im hohen Norden plastisch (117 S. Main St., Tel. 206/553-7220, tgl. 9–17 Uhr). Das »Museum of Flight« in der historischen Boeing-Scheune zeigt die Geschichte der Luftfahrt (9404 E. Marginal Way S., Tel. 206/764-5720, tgl. 10 bis 17, Do bis 21 Uhr).

Der Omnidome Film »The Eruption of Mount St. Helens« auf Pier 59 gibt in gewaltigen Bildern den Ausbruch im Jahre 1980 des nicht allzu weit entfernten Vulkans wieder (1483 Alaskan Way, Tel. 206/622-1868 im Sommer tgl. 10–21, Rest des Jahres bis 17 Uhr), im Seattle Aquarium (Stadtplan, Planquadrat B 4; Tel. 206/386-4300), auch auf Pier 59, beeindruckt vor allem die Darstellung des Meereslebens im Puget Sound.

Die altmodische »Waterfront«-Straßenbahn fährt von Pier 70 bis zum International District

Der wunderbare Neubau des Seattle Art Museum (B 4; 100 University St., Tel. 206/654-3100, Di–So 10–17, Do bis 21 Uhr) beherbergt eine Kunstsammlung, v. a. mit asiatischen und indianischen Stükken. Im Seattle Asian Art Museum (D 1; Volunteer Park, 1400 E. Prospect, Tel. 206/654-3100, tgl. 10–17, Do bis 21 Uhr) findet man eine Ausstellung asiatischer Kunst und kann in Ruhe im »Kado Tea-Garden« eine Tasse Tee trinken.

Das »Children's Museum« im Seattle Center (A 2; Tel. 206/684-7200) bei der Space Needle (Aufzug, Beobachtungsdeck) steckt voller Experimentiermöglichkeiten für Kinder (305 Harrison St., Tel. 206/441-1768, Sommer: So–Fr 10–18, Sa bis 19 Uhr, Rest des Jahres Mo–Fr 10–17, Sa/So 10–18 Uhr) Auf dem gleichen Gelände kommen Entdecker aller Altersstufen im Pacific Science Center mit Imax-Theater auf ihre Kosten (A 2; 200 2nd Ave., Tel. 206/443-2001, tgl. ab 10 Uhr, wechselnde Schlußzeiten).

**Aktivitäten:** Die Boote nach Tillicum Village auf Blake Island starten von Mai bis Mitte Okt. von Pier 56 (B 4). In vier Stunden werden eine Fahrt über den Puget Sound, eine Ausstellung und Show zu indianischer Kultur sowie ein Lachsessen geboten (Tel. 206/443-1244).

Argosy Cruises (Pier 55, Tel. 206/623-1445) bietet Schiffstouren durch die Schleusen auf den Lake Washington und durch den Hafen. Bill Speidel's Underground Tour startet seine einstündige Tour durch Seattles Unterwelt und Vergangenheit am Pioneer Square (C 5; 610 1st Ave., Tel. 206/682-4646).

Mit Bainbridge Island Boat Rentals (528 Winslow Way W., Tel. 206/842-9229) lassen sich wunderbare Kajak-Touren im Puget Sound unternehmen.

**Ausflüge:** Die »Victoria Clipper« und die »Princess Margareth III« schippern täglich durch den Puget Sound und über die Juan de Fuca Strait nach Victoria ins kanadische British Columbia (2701 Alaskan Way, Pier 69, Tel. 206/448-5000).

Im Städtchen Everett nördlich von Seattle fertigt Boeing seine 747-, 767- und 777-Flugzeugtypen (SR 526, Exit 189 der I-5, Tel. 425/544-1264). Eine Tour (Mo–Fr 8–16 Uhr, keine Kameras) führt durch die Produktionshallen.

Im Point Defiance Park von Tacoma (5400 N. Pearl St.) sind Zoo, Aquarium und das Pelzjäger-Fort Nisqually zu finden (Juni bis Anf. Sept. tgl. 11–18, sonst Mi–So 11–16 Uhr, Tel. 253/591-5339). Das State Capital Museum der Hauptstadt Olympia (211 W. 21st Ave., Tel. 360/753-2580) zeigt die Geschichte des Bundesstaates. Im Naval Undersea Museum im Städtchen Keyport an der SR 308 zwischen Poulsbo und Silverdale (610 Dowell St., Tel. 360/396-4148) läßt sich die Geschichte der U-Boote vom Unabhängigkeitskrieg bis heute verfolgen.

**Information:** Seattle-King County Convention & Visitors Bureau, 520 Pike St., Seattle, WA 98101, Tel. 206/461-5800, Fax 461-5855.

In Tillicum Village auf Blake Island wird eine alte Kunst wiederbelebt; Totempfähle erzählen die Geschichten der Klans mit ausdrucksstarken Bildern

Indianische Masken im Thomas Burke Museum

»Hammering Man« vor dem Art Museum

Gedenken an den Rock-Giganten Jimi Hendrix

**Seattle bietet seinen Besuchern viele Museen und Ausstellungen. Eines der interessantesten ist das Seattle Aquarium am Pier 59, das anschaulich die Unterwasserwelt des amerikanischen Nordwestens präsentiert. Einen Blick in diese den meisten Menschen verschlossene Erdregion gewährt der Unterwasserdom. Publikumslieblinge sind die verspielten Seeotter, die jeweils um 11, 14 und 17 Uhr gefüttert werden.**

Auch Robben müssen Zähne putzen, zumindest im Seattle Aquarium

# Urlaubs-Archipel vor den Toren von Seattle

*Großes Foto: Blick vom Mt. Constitution auf Orcas Island. Kleines Foto: Hafen von Port Townsend.*

*Westlich von Seattle liegt eine phantastische Inselwelt, die ihren ländlichen Charakter bewahrt hat. Hier regnet es weniger als auf dem Festland, weil der Archipel im Windschatten der Olympic Mountains liegt. Künstler, Aussteiger und Wohlhabende haben sich dort niedergelassen; im Sommer werden die Inseln von Touristen überflutet. Kajaktouren bieten die beste Möglichkeit, diese Welt wirklich kennenzulernen – und vielleicht den Orca-Walen zu begegnen.*

Schon die Anreise stimmt auf die andere, gemächliche Welt ein: Leise tuckernd durchqueren die Fähren der »Washington State Ferries« den Puget Sound zuverlässig und auf vielen Routen, vom Ost- zum Westufer der langgestreckten Meeresbucht, vor allem aber zu den Fährhäfen der vielen Inseln. Nahezu jedes Ziel steht in den Fahrplänen: Ob zum Spaziergang und Übernachtung im viktorianischen Port Townsend, zum Wandern und Fahrradfahren auf Whidbey Island oder zum Fischen und Paddeln in den San Juan Islands. Auch Victoria, die Hauptstadt des kanadischen British Columbia auf Vancouver Island, ist mit einer Fähre bequem und schnell zu erreichen. Etwa 20 Millionen Fahrgäste befördern die Schiffe übers Jahr. Die meisten von sind ihnen Pendler, die auf Whidbey oder den anderen südlichen Inseln leben und in Seattle arbeiten. Ihnen bleibt an Bord Zeit für ein gemütliches Frühstück mit Aussicht, während sich ihre Kollegen mit dem Auto durch den immer dichter werdenden Berufsverkehr quälen müssen.

## Whidbey Island: »Fahrradinsel« vor den Toren der Metropole

Das wie ein 60 Meilen langer Haken gekrümmte Whidbey Island ist das ideale Terrain für ausgedehnte Fahrradtouren. Sie ist eine Komposition beschaulicher Landschaften, mit von Wildblumen übersäten Wiesen, Kohl- und Weizenfeldern sowie Wäldern, Stränden und Felsklippen. Viele Seattlites sind der Schönheit der Insel erlegen und haben ihren Wohnsitz aus der Pazifik-Metropole hierher verlegt. Eine sehenswerte Meerenge begrenzt Whidbey an seiner Westseite: Vom Leuchtfeuer auf Admirality Head hat man einen guten Blick auf die vorbeiziehenden Fähr- und Frachtschiffe, die den Häfen von Seattle und Tacoma weiter im Süden zustreben. Das nahegelegene Fort Casey, heute Teil eines State Park, bewachte einst mit den Forts Worden und Flagler am gegenüberliegenden westlichen Ufer des Admirality Inlet die Einfahrt in den Puget Sound.

Von der Nordspitze Whidbey Islands schwingt sich eine Brücke über den spektakulären »Deception Pass« zum benachbarten Fidalgo Island. Mächtige Gezeitenströme, die sich durch die 60 Meter breite, steile und bewaldete Meeresenge zwängen und den Eindruck eines beinahe

Frachter beim Point Wilson Lighthouse von Port Townsend auf dem Weg in den Puget Sound

In Port Townsend blieben viele viktorianische Stadthäuser erhalten

**Die Bucht des Puget Sound öffnet sich im Norden zur Juan de Fuca-Straße, die nach Westen in den Pazifik führt. Landwirtschaft, Fischfang und Tourismus zählen zu den wichtigsten Wirtschaftszweigen der Region. Aus der nahen Großstadt Seattle kommen Wochenendurlauber auf die ländlichen Inseln, die im Windschatten der Olympic-Halbinsel liegen und auch in der feuchten Jahreszeit relativ wenig Niederschläge erhalten.**

Brücke über den Deception Pass zwischen Fidalgo- und Whidbey Island

Port Townsend: Es gibt sie noch, die alten Diner im Stil der fünfziger und sechziger Jahre

Campground des Fort Casey State Park auf Whidbey Island

tosenden Flusses erwecken, irritierten schon 1792 den britischen Kapitän und Navigator George Vancouver. Der vermutete jenseits der vermeintlichen Flußmündung einen Hafen für sein Schiff und taufte die Durchfahrt nach Entdeckung seines Irrtums »Passage der Täuschung«.
Whidbey und die San Juan Islands liegen im Windschatten der Olympic Mountains, an denen sich die regenschweren Pazifikwolken bereits ihrer Feuchtigkeit entledigen. »Banana Belt« nennen die Inselbewohner, die deshalb immerhin 250 Sonnentage im Jahr verbuchen können, ihre Region etwas übermütig.
Der Puget Sound und die sich weiter nördlich anschließende »Strait of Georgia«, die Vancouver Island vom kanadischen Festland trennt, sind Heimat vieler seltener Vogel- und Fischarten. Sie finden in dem Insellabyrinth und dem besonderen, durch die Mündung vieler Flüsse geschaffenen Ökosystem mit einer Mischung aus Salz- und Süßwasser Nahrung und Lebensraum. Häufig sind von den Schiffen aus Robben und Seelöwen zu entdecken, die sich an einsamen Stränden sonnen. Viele Urlauber halten jedoch vor allem nach Orcas Ausschau. Besonders im Frühjahr und im Sommer bieten zahlreiche Bootsunternehmen Whale Watching-Touren an. Und es werden immer mehr; häufig werden die Tiere regelrecht von Booten bedrängt und umlagert.

## Whale Whatching auf »sanfte« Art: Kajaktrip zu den Orcas

Eine »sanfte« Begegnung mit den Meeressäugern ermöglichen Kajaktrips entlang der abwechslungsreichen Küsten oder zwischen den Inseln. Dann kann es passieren, daß die dem Menschen freundlich gesonnenen Orcas die Boote für kur-

»Very english«: High Tea mit Gebäck und Konfitüre im »Empress Hotel« von Victoria

ze Zeit begleiten. Etwa 600 der schwarzweiß gezeichneten, bis zu neun Metern langen »Könige der Meere« gibt es im Puget Sound und entlang der Küste von British Columbia. Diese größte Spezies aus der Familie der Delphine lebt in Schulen, »Pods«, von bis zu fünf Tieren.

Mehr als 700 Inseln und Eilande zählen zu den San Juan Islands, einige von ihnen schauen nur bei Ebbe aus dem Wasser, auf anderen haben Bäume, Büsche und Moose Fuß gefaßt, 176 tragen einen Namen, knapp 60 sind besiedelt. Häufig steht nur ein Sommerhaus auf felsigem Grund, nur vier der größeren Inseln – San Juan Island, Shaw Island, Orcas Island und Lopez Island – sind erschlossen und werden von der State Ferry angesteuert.

Einst war das Archipel, zusammen mit den nördlich anschließenden kanadischen Gulf Islands, Bestandteil von Vancouver Island. Doch die mächtigen, bis zu 1000 Meter starken Gletscher der letzten Eiszeit drückten das Land nieder und hobelten seine Oberfläche ab. »Urströme« schmelzender Eismassen zum Ende der Vereisungsperiode wuschen außerdem die Felsen aus und schufen so die Inselwelt.

Ein Grand Hotel alten Stils ist »The Empress« in Victoria, der Hauptstadt von British Columbia

Kies- oder Sandstrände wechseln sich ab mit Klippen, Wildblumenwiesen mit windzerzausten Kiefern auf buckligen Felsen, Fischerdörfer, in denen die Zeit stehengeblieben scheint, mit Wäldern, in denen Rotwild und Bären zu Hause sind. Auf den Inseln brüten 80 Weißkopfseeadler-Pärchen – mehr als irgendwo sonst in den USA. Es gibt zudem noch Eulen, Papageitaucher, Eisvögel, Kolibris, Reiher und Schwäne.

David Guterson, Autor des 1995 erschienenen Bestsellers »Schnee, der auf Zedern fällt«, hat den Inseln und ihren Menschen mit seinem Roman ein Denkmal gesetzt. Ein Mordfall und seine

Vom Lime Kiln Lighthouse auf San Juan Island lassen sich Orcas beobachten

British Camp im Nordwesten von San Juan Island

**Die San Juan Islands zwischen der »Strait of Georgia« im Norden und der »Strait of Juan de Fuca« im Süden sind touristisch hervorragend erschlossen. Während der Walsaison lassen sich die großen Meeressäuger besonders gut von den Inseln beobachten. Ein begehrter Standort der Whale Watcher ist das Lime Kiln Lighthouse.**

Erstklassiges Resort mit Yachthafen: Roche Harbor auf San Juan Island

Aufklärung auf der fiktiven Insel »San Piedro« im Jahr 1954 fördern gleichzeitig viele dunkle Seiten der Geschichte zu Tage, nicht zuletzt die lange verdrängte, ungerechte und diskriminierende Behandlung japanisch-stämmiger Amerikaner während und nach dem Zweiten Weltkrieg.
Auf Lopez Island, der flachesten der vier größeren Inseln, geht das Leben einen ruhigen und beschaulichen Gang. Fußgänger winken nach wie vor jedem Autofahrer zu. »Guernsey« nannten britische Siedler ihr Eiland, da sie, ähnlich wie auf der Kanalinsel zwischen Südengland und Frankreich, Milch, Sahne, Eier und Geflügel produzierten und zum Festland verschifften. Heute werden zudem Wein und Kiwis angebaut sowie Lamas gezüchtet.

## Orcas Island: größte Insel des San-Juan-Archipels

Vor der Küste von Orcas Island ernteten die Lummi-Indianer lange vor Eintreffen der Europäer Muscheln. In kleinen Orten auf der größten und hügeligsten Insel überraschen heute geschmackvolle Kunsthandwerkstätten und Künstlerateliers sowie einige Restaurants mit eleganter Northwest-Cuisine. Der Moran State Park in der Osthälfte von Orcas Island umschließt sogar drei Seen und den 734 Meter hohen Mt. Constitution, die höchste Erhebung aller Inseln. Vom »Watchtower« auf seinem Gipfel hat man bei klarem Wetter einen Panoramablick über die Landschaft aus Felsen, Wald und Wasser bis nach Vancouver im Norden und zum Mt. Rainier im Süden. Der Park ist benannt nach dem früheren Besitzer des Geländes Robert Moran, einem Bürgermeister von Seattle und Multi-Millionär, der zur Zeit des Goldrausches mit dem Bau von Schiffen ein Vermögen verdient hatte.

Shaw Island wird zwar von der staatlichen Fähre angelaufen, die Inselbewohner haben sich jedoch bis heute geweigert, Hotels und Restaurants auf ihrem Eiland zuzulassen. So findet man außer einem Campingplatz im Indian Cove County Park sowie einem kleinen Laden, der seit eh und je von Franziskaner-Nonnen bewirtschaftet wird, keine touristischen Einrichtungen, die eine Übernachtung erlauben.
Das sieht auf San Juan ganz anders aus. Alle schmalen Inselstraßen scheinen sich in Friday Harbor zu treffen, einst ein gottverlassenes Fischerdorf, heute Sitz der

Bezirksverwaltung und kommerzielles Zentrum der Inselwelt. Im Wal-Museum des Ortes sind auch »Gesänge« und wilde, chaotische Laute zu hören, mit denen sich die Tiere verständigen. Mit etwas Glück lassen sich die Meeressäuger vom Aussichtspunkt des Lime Kiln Point State Park am Westufer der Insel in der Meerenge der »Haro Strait« zwischen San Juan und Vancouver Island beobachten.

Zwei National Historic Parks, einer mit einem »English Camp« im Norden und ein zweiter mit dem »American Camp« im Süden, erinnern an den »Schweine-Krieg« Mitte des 19. Jahrhunderts zwischen den USA und Kanada. Alles fing mit einer ungenauen Textpassage in dem Grenzabkommen von 1846 zwischen den beiden Staaten an, in der als Demarkationslinie der 49. Breitengrad festgelegt war. Davon abweichend, sollte die Grenze bei Vancouver Island einen Bogen nach Süden machen, durch den »wichtigsten der Meereskanäle« zwischen den Inseln, ohne jedoch festzulegen, welcher der drei möglichen Kanäle gemeint sei. Die Briten und ihre Hudson Bay Company schlugen eine Wasserstraße direkt am Festland vor, die alle Inseln an Kanada gebracht hätte. Die Amerikaner siedelten einfach auf den Inseln, die sie für attraktiv hielten.

## Kaiser Wilhelm I. schlichtete den »Schweinekrieg«

Auf San Juan entwickelte sich der Konflikt, nachdem ein britischer Schafhirte seine Herde im Norden hatte weiden lassen, im Süden aber Amerikaner begonnen hatten, Kartoffeln anzubauen. Die Sache eskalierte, nachdem ein »britisches« Wildschwein, das wiederholt im »amerikanischen« Acker gewildert hatte, dort mit dem Gewehr niedergestreckt worden war. Beide Seiten riefen ihre Autoritäten zu Hilfe. Einige Schüsse fielen, noch mehr Drohungen wurden ausgestoßen. Doch weder in London noch in Washington D. C. gab es Neigungen, das Verhältnis zwischen beiden Staaten aufs Spiel zu setzen.

Man einigte sich, das Territorium zunächst gemeinsam zu verwalten und sich einem Spruch des Schlichters Kaiser Wilhelm I. zu beugen. Danach gehören zwei Drittel der Inseln zu den USA, ein Drittel zu Kanada. Bewaffnete Auseinandersetzungen um den Verlauf der Grenze wurden seitdem nicht mehr registriert.

Vom Gipfel des Mt. Constitution auf Orcas Island geht der Blick weit über die Inselwelt

Seerosen-Idylle am Fowler Pond, südlich von Eastsound auf Orcas Island

Die State Ferry legt am Dock von Orcas Village an, wo man sich gleich Fahrräder mieten kann

Verkehrsprobleme auf Orcas Island: »Achtung, Meerjungfrauen kreuzen die Fahrrinne!«

# REISE-INFO *INSELWELT*

**Karte:** S. 112/113, Planquadrat C4, B 3/4.

**Anreise:** »Washington State Ferries« (Tel. 206/464-6400) verkehren mehrmals täglich zwischen Anacortes und den Inseln Lopez, Shaw, Orcas und San Juan sowie tägl. nach Sidney, Vancouver Island (Kanada). Whidbey Island wird im Pendelverkehr zwischen Mulkilteo und Clinton im Süden sowie zwischen Port Townsend und Keystone im Westen der langgezogenen Insel angesteuert. Richtung Norden besteht auf der SR 20 eine Brückenverbindung nach Fidalgo Island. Diese Insel ist ebenfalls per Brücke mit dem Festland verbunden.
»BC Ferries« (Tel. 250/386-3431) verbindet die San Juan Islands mit Victoria, Vancouver Island sowie mit Vancouver (Kanada). »Victoria Clipper« (Tel. 206/448-5000) bringt Passagiere und ihre Fahrräder von Victoria, Vancouver Island (Kanada), zu den San Juan Islands und zurück. Der »San Juan Island Shuttle« (Tel. 360/671-1137) verkehrt im Sommer zwischen Bellingham, Orcas Island und Friday Harbor (keine Autos).

**Nahverkehr:** Auf Lopez-, Orcas- und San Juan Island gibt es Busse, man kann ein Auto mieten oder mit dem Taxi fahren. Es ist zudem möglich, Fahrräder zu leihen: Bike Shop on Lopez, Tel. 360/468-3497; Dolphin Bay Bicycles (Orcas Island), Tel. 360/376-4157; Island Bicycles (San Juan Island), Tel. 360/378-4941.

**Unterkunft:** Im »Ecologic Place« (10 Beach Dr., Nordland auf Marrow Stone Island, Tel. 360/385-3077, Fax 385-1181) lebt man in rustikalen Häuschen mit Blick auf die Oak Bay. »The Anchorage Inn« (807 N. Main St., Tel. 360/678-5581) heißt die im Stil einer viktorianischen Villa erbaute Bed & Breakfast-Herberge in Coupeville auf Whidbey Island. Im »Drake's Landing« (203 Wharf St., Langley, Whidbey Island, Tel. 360/221-3999) wohnt man zentral am Hafen.
Das »Manresa Castle« (7th/Sheridan Sts., Port Townsend, Tel. 360/385-5750, Fax 385-5883) im Stil einer mittelalterlichen Burg gehört zu den elegantesten Unterkünften der Stadt. Das Hotelrestaurant sucht ebenfalls seinesgleichen.
Im »Island Motel« (419 Commercial Ave., Anacortes, Fidalgo Island, Tel. 360/293-4644) kann man die Nacht günstig und angenehm verbringen, inkl. Frühstück, gutes Restaurant. Vom gemütlichen »Olympic Lights B & B« (4531-A Cattle Point Rd., Friday Harbor, San Juan Island, Tel. 360/378-3186) kann man auf den Puget Sound blicken.
Das »Inn at Friday Harbor« (410 Sring St., Friday Harbor, San Juan Island, Tel. 360/378-4000, Fax 378-5800) offeriert ordentliche, zentrale Unterkünfte; die Suiten in der 680 Spring St. sind geräumiger, aber auch teurer. Das imposante »Rosario Resort & Spa« (1 Rosario Way, Eastsound, Orcas Island, Tel. 360/376-2222) an der Cascade Bay war einst Privatvilla des Millionärs Robert Moran.
Im »Doe Bay Village Resort« (Star Route, Olga, Orcas Island, Tel. 360/376-2291), einem preiswerten Alternativ-Resort mit Whirlpool und Meerblick, liegt die Betonung auf Natur, Gesundheit, Entspannung. Das »Inn at Swifts Bay« (Rte. 2, Lopez Island, Tel. 360/468-3636) am Nordende der Insel präsentiert sich als Idylle mit Privat-Strand und Superfrühstück. »The Empress« (721 Government St., Victoria, Kanada, Tel. 250/384-8111, Fax 381-4334), das 1908 eröffnete Grand Hotel, ist nach Königin Victoria benannt.

**Restaurants:** Das »Ajax Café« (Lower Port Hadlock, Tel. 360/385-3450) serviert Northwest-Cuisine mit Fischgerichten, direkt an der Port Townsend Bay.
»The Captain's Galley« (10 Front St., Tel. 360/678-5431) heißt der beste Tip für Muscheln oberhalb des Hafens von Coupeville auf Whidbey Island. Im »Café Langley« (1 1st St., Langley, Whidbey Island, Tel. 360/221-3090) gibt es Northwest Cuisine mit Anregungen der Mittelmeerküche sowie ein Bistro und guten Kaffee. Ein Fischrestaurant mit guter Weinkarte ist das »Springtree Eating Establishment« (310 Spring St., Friday Harbor, San Juan Island, Tel. 360/378-4848).
Im »Café Olga« (Horseshoe Highway, Olga, Orcas Island, Tel. 360/376-5098) werden preisgünstige Frühstücks- und Lunch-Spezialitäten aufgetragen. Das »Bay Café« (Village Center, Lopez Village, Tel. 360/468-3700) präsentiert feine Küche und gute Weine. Köstliche Fischgerichte serviert das »Marina Restaurant« (1327 Beach Dr., Victoria, Tel. 250/598-8555).

**Nachtleben:** Im »Lanza's« (1020 Lawrence St., Port Townsend, Tel. 360/385-6221) spielen Rock- oder Countrybands. Bei »Harpo's« (15 Bastion Sq., Victoria, Tel. 250/385-5333) treten abends gute Jazz-, Blues- und Rockgruppen auf.

**Sehenswürdigkeiten:** Der Fort Casey SP (SR 20, Keystone, Whidbey Island, Tel. 360/678-4519, tgl. 8 Uhr bis Sonnenuntergang) schützt die Überreste eines amerikanischen Grenzforts aus dem 19. Jh. Im Island County Historical Museum (SR 20 Coupeville, Whidbey Island, Tel. 360/678-3310, im Sommer tgl. 10–17, Rest des Jahres Fr–Mo 10–16 Uhr) ist die Regionalgeschichte der Insel präsentiert. Das »Whale Museum« (62 1st St. N., Tel. 360/378-4710, tgl. 10–17 im Sommer, 11–16 Uhr im Winter) in Friday Harbor auf San Juan Island ist das einzige Wal-Museum der USA. Im einzigartigen Royal British Columbia Museum (675 Belleville St., Victoria, Kanada, Tel. 250/387-3014, Juli–Aug. tgl. 9.30–19, Rest des Jahres 10–17.30 Uhr) kann man durch 12 000 Jahre der Geschichte wandern.

**Aktivitäten:** Shearwater Adventures (Eastsound, San Juan Island, Tel. 360/376-4699) organisiert zwischen April und Oktober Kajak-Trips durch die Inselwelt der San Juan Islands. Während der Schiffstouren von San Juan Excursions (Friday Harbor, San Juan Island, Tel. 360/378-6636) lassen sich meist Orcas blicken.

**Information:** San Juan Islands Visitor Information Service, P. O. Box 65, Lopez Island, WA 98261, Tel. 360/468-3663. Central Whidbey Chamber of Commerce, 5 S. Main St., Coupeville, WA 98239, Tel. 360/678-5434. Port Townsend Visitor Center, 2437 E. Sims Way, WA 98368, Tel. 360/385-2722. Visitor Information Centre, 812 Wharf St., Victoria, British Columbia/BC, Kanada, Tel. 250/953-2033.

Orca-Wal in der Juan de Fuca Strait, mit dem Mt. Baker im Hintergrund

# Das feuchte »Reich des Donnervogels«

*Großes Foto: Ruby Beach im Olympic N. P. Kleines Foto: Am Strand bei Teahwhit Head im Olympic N. P.*

*Vor Jahrtausenden besiedelten Indianer die Küsten der Olympic Peninsula. Alles, was sie zum Leben brauchten, gab ihnen das Meer. Das von heftigen Niederschlägen durchweichte Landesinnere mit seinen Regenwäldern und die von Gletschern bedeckten Berggipfel mieden sie aus Angst vor dem »Donnervogel«. Auch die Weißen machten sich erst spät auf, die Region zu erforschen. Heute gehört die Olympic-Halbinsel zu den ursprünglichsten Naturregionen der USA.*

Blick von der Hurricane Ridge auf die Juan de Fuca-Straße und die Vancouver Island Mountains

Regen spielt auf der Olympic Peninsula eine besondere Rolle. Heftige Niederschläge, im Jahr zwischen 3,50 und vier Meter, gehen an den Westhängen des Olympic-Massivs nieder – also etwa fünfmal so viel wie in Hamburg. Meteorologen haben an manchen Wintertagen bis zu 50 Zentimeter Regen in 24 Stunden gemessen. Schnellrestaurants nennen sich nicht »Hard Rock«, sondern »Hard Rain Café«...
Die Stadtverwaltung von Sequim, im Nordosten der Halbinsel und damit auf ihrer sonnigen Seite, hat aus Imagegründen in der Gemeindeordnung verboten, daß es überhaupt regnet. Die Einwohner bemühen sich weitgehend erfolgreich, das böse »R-Wort« aus ihrem Sprachgebrauch zu verbannen, Urlaubsgäste erhalten »Sonnenschecks«, Gutscheine für zwei Sonnentage für das Folgejahr bei jedem verr... Urlaubstag. Dabei sind die massiven Niederschläge im Westen für einige der eindrucksvollsten Biotope Nordamerikas mitverantwortlich.

Traumjob in freier Natur: Parkranger bei der Hurricane Ridge Ranger Station im Olympic National Park

Noch vor 50 Millionen Jahren waren das Gebirgsmassiv mit seinen scharf eingeschnittenen Tälern, die abwechslungsreichen Wälder und wilden Küsten, welche die faustförmige Halbinsel von drei Seiten umschließen, noch vom Meer bedeckt. Zwischen Spalten im Meeresboden breitete sich Lava aus, die im Ozean rasch erstarrte.
Die schmale Juan de Fuca-Erdplatte begann sich in den nächsten 20 Millionen Jahren langsam nach Osten, gegen die massive Kontinentalplatte, zu verschieben, die sie in die Tiefe abdrängte. Abgelagerte Sedimente wurden zusammengeschoben und nach oben gedrängt. Das so entstandene Olympic-Massiv trägt noch Spuren seines maritimen Erbes, hier und dort treten Meeresfos-

Wanderer auf dem drei Meilen langen Hurricane Hill Trail

Moosfarne überwuchern die Bäume im Hoh Rain Forest

Sprung in den Lake Crescent im Norden der Olympic-Halbinsel

**Im Westen des Olympic National Park hängen oft dicke Wolken an den Berghängen und versorgen die Regenwälder mit dem notwendigen Naß. Beim Hoh Rain Visitor Center führen zwei Naturlehrpfade in den Urwald: der Hall of Moses Trail und der Spruce Nature Trail.**

silien ans Tageslicht. Beim Hurricane Ridge-Aussichtspunkt läßt sich im Urmeer erkaltetes Lavagestein ausmachen.

Klimaveränderungen bewirkten vor einigen hunderttausend Jahren mehrfach eine weitgehende Vereisung Nordamerikas. Mächtige Gletscher bedeckten während der letzten Eiszeit auch das Olympic-Massiv. Gletscherzungen kerbten die Trogtäler des Puget Sound und des 130 Kilometer langen Hood-Kanals sowie die Juan de Fuca-Straße aus, welche die Olympic-Halbinsel heute von Osten bzw. von Norden begrenzen, abschmelzende Eismassen suchten sich später in diesen Urstromtälern den Weg zum Ozean. Gletscher haben auch Gneis- und Granitfelsbrocken über lange Distanzen von Kanada bis auf die Halbinsel im Süden transportiert. Seit dem Ende der Eiszeit vor mehr als 13 000 Jahren arbeiten Südwestwinde, die sich über dem Nordpazifik mit Feuchtigkeit vollgesogen haben und sich an der Westflanke des Olympic-Gebirges abregnen, daran, die Landschaft weiter zu formen: Sie schaffen Bedingungen für eine typische Flora und Fauna und versorgen die »modernen« Gletscher um den rund 2400 Meter hohen Mount Olympic mit bis zu zwölf Metern Schnee im Jahr.

## Einst lebten in dem Gletschergebiet Mastodons, Bisons und Mammuts

Der vier Kilometer lange, etwa 1,5 Kilometer breite und knapp 280 Meter starke »Blue Glacier« ist die größte der 60 Gletscherzungen. Mehr als 40 Bäche und Flüsse stürzen von den Hängen des Massivs sternförmig nach kurzem Lauf ins Meer. Ein bei Sequim gefundenes Mastodon-Skelett unterstützt die These, daß vor etwa 12 000 Jahren zum Ende der Eiszeit dieser Riesenelefant, außerdem Mammut und Ur-Bison, in der Region gelebt haben.

Die Indianer, die viele tausend Jahre vor Ankunft der Europäer an der Küste siedelten, drängten kaum in das Innere der Halbinsel vor. Das Meer versorgte die etwa 10 000 Menschen, die in mehreren Siedlungen mit 30 Meter langen »Longhouses« lebten, reichlich mit Nahrung. Mit zehn Meter langen, aus einem Zedernstamm mit hohem Bug geschnitzten Einbäumen gingen die Makah und Quinault auf Jagd nach Seelöwen, Fischen und Walen. In die Berge trauten sie sich selten. Sie glaubten, über den Wolken lebe der »Donnervogel«, dessen Flügelschlag das Krachen des Gewitters auslöse und aus dessen Augen Blitze schössen. Schüttelte er hingegen sein Gefieder, und das kam recht häufig vor, ging ein kräftiger Regenschauer nieder.

## Totempfähle erzählen die alten Geschichten der Indianer

Die Geschichte vom Donnervogel, der sich von Walen ernähren sollte und andere Mythen der Küstenindianer spiegeln sich in den Motiven der bis zu 20 Meter hohen Totempfähle, in Tanzmasken und Dekorationen für Decken oder Hauseingängen wieder. Mit dem Überfluß an Nahrungsmitteln ergaben sich künstlerische Freiräume, deren Ergebnisse besonders augenfällig im Museum der Makah-Reservation an der Nordwestspitze der Halbinsel zu finden sind. Hier sind auch Funde der Ausgrabungen von Ozette Village, wo ein indianisches Dorf vor 500 Jahren von einem Erdrutsch verschüttet worden war, und vom 3000 Jahre alten Fischerort am Hoko River ausgestellt.

## Die Olympic-Halbinsel wurde erst spät von den Weißen erforscht

Europäische Entdecker und Siedler traten erst sehr spät auf den Plan. 1552 will der in spanischen Diensten fahrende Juan de Fuca in die nach ihm benannte Wasserstraße eingebogen sein. Erst mehr als 200 Jahre später, ab 1774, häuften sich die Ereignisse. Zunächst taufte Juan Pérez Hernández die Berggipfel auf den Namen »Santa Rosalia«, ein Jahr darauf pflanzte Bruno de Heceta am Quinault River die spanische Flagge in den Sand, 1778 umrundete Captain Cook auf der Suche nach dem westlichen Seeweg nach Asien das stürmische Cape Flattery. Der englische Handelskapitän John Meares hielt zehn Jahre später, ähnlich wie die indianischen Bewohner, die von Gletschern bedeckten Berge für einen Wohnort der Götter und benannte sie in Olympic Mountains um. 1791 unternahm Spanien mit Juan Francisco de Eliza und einem Militärstützpunkt einen kurzlebigen letzten Versuch, sich in der Region festzusetzen. Eine Bucht erhielt von ihm den Namen »Puerto de Nuestra Señora de Los Angeles«, aus der später Port Angeles, bis 1935 ein wichtiger

An der Pazifikküste der Olympic-Halbinsel kann auch mit dem Kescher gefischt werden

Ruby Beach ist ebenfalls ein Teil des Olympic National Park

**Zum Gebiet des Olympic National Park gehören über 90 Kilometer Küste, die vor jeglichem menschlichen Eingriff geschützt sind. Diese maritime Region bildet eine Welt für sich. Besonders interessant sind die Gezeitenbecken. Bis zu 4000 Einzellebewesen und 20 Arten bevölkern jeweils die Salzwasserpfützen, die abwechselnd vom Pazifik überflutet und bei Ebbe der Sonne ausgesetzt sind.**

Badespaß am Lake Quinault am Westhang des Olympic-Massivs

Aus den Wäldern des Olympic N. P. stammt das Treibholz, das sich an der Rialto Beach stapelt

Ausflügler haben sich am Strand bei Teahwhit Head einen Unterstand aus Treibholz gebaut

Marinestützpunkt der USA, werden sollte. Nachdem 1846 die Olympic-Halbinsel endgültig den USA zugeschlagen worden war, passierte lange Zeit wenig. Erst ab 1878 begann man, das noch unbekannte Bergland systematisch zu erkunden. Den Anstoß dazu hatten die sensationellen Berichte über den amerikanischen Zeitungsreporter Henry Stanley gegeben, der den Afrikaforscher Livingston im tiefsten Kongo gefunden hatte. Nun wollte man auch in den USA den letzten weißen Fleck auf der Nordamerika-Landkarte, über den zahlreiche Gerüchte, Vermutungen und Geschichten kursierten, tilgen. Die einen hatten von einem paradiesischen, weiten Tal, einem Garten Eden hinter den Bergen gehört, andere vermuteten genau dort einen wilden Kannibalenstamm.

Eine 1889 von der »Seattle Press«, dem Vorläufer der heutigen »Seattle Times«, ausgerüstete Expedition kraxelte fast sechs Monate durch die Berge, um am Lake Quinault wieder in bekannte Küstenregionen vorzustoßen. Sie berichtete von hochalpinen Gebirgslandschaften mit Gletschern, von gewaltigen Bäumen in nahezu undurchdringlichen Regenwäldern, in denen man sich auf einem dicken Moosteppich bewegen würde.

## Nationalpark und Zivilisation sind gut voneinander abgegrenzt

Im Jahr 1897 schützte US-Präsident Cleveland ein erstes Areal des Regenwaldes als »Olympic Forest Reserve« gegen die Ansprüche der Holzindustrie, sein Nachfolger »Teddy« Roosevelt erhob es 1909 in den Rang eines National Monument. 1938 schließlich unterzeichnete Präsident Franklin Delano Roosevelt ein Gesetz, durch das ein Großteil der Halbinsel unter den Schutz eines Nationalparks gestellt wurde. Inzwischen sind weitere Gebiete zum geschützten Areal hinzugekommen, darunter ein langer Küstenabschnitt zwischen der Makah Reservation im Norden und der Reservation der Quinault weiter im Süden. Zudem wirkt ein breiter Ring von geschützten Waldgebieten des National Forest wie ein Puffer zwischen Nationalpark und der »Zivilisation«.

In den steilen Felswänden und windigen Graten klettert die zottelige Schneeziege, in höheren Regionen ist auch das Olympic-Murmeltier zu Hause. Sitka-Schwarzwedelhirsche, die häufig von Ausflüglern auf den Almwiesen des knapp 1600 Meter hohen Hurricane Ridge gesehen werden, und der dem Wapiti ähnliche Roosevelt Elk – nach dem passionierten Jäger »Teddy« Roosevelt benannt – mit einem mehr als 30 Pfund schweren Geweih, sind unterhalb der Eisgrenze zu finden. Noch etwa 5000 dieser stattlichen Tiere, bei denen sich Ende Mai der Nachwuchs einstellt, leben im Nationalpark, einem ihrer letzten Rückzugsgebiete. Eine stattliche Zahl von Schwarzbären hat gleichfalls in den dichten Wäldern Unterschlupf gefunden. Hin und wieder werden auch die scheuen »Cougars«, die Berglöwen, gesehen, die auf der Suche nach Beute durch die Berge streifen.

Überrest vergangenen Reichtums: Kuppel des Courthouse in South Bend

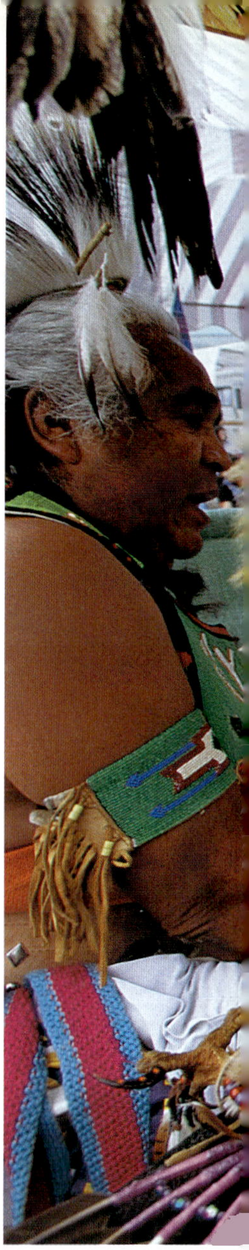

Bei den Chief Seattle Days in Suquamish

## Viele seltene Tiere sind im Nationalpark zu Hause

Olympic-Streifenhörchen sowie Stummelschwanzhörnchen, auch Bergbiber genannt, turnen in den Ästen der hohen Bäume. Rotschwanzbussarde, Adler, sogar ein winziger Fuchskolibri leben in den Wäldern, letzterer geschützt vom grünen Blätterdach des Regenwaldes, in dem die Blüten vieler Lilien- und Orchideenarten für ihn Nahrung bereitstellen.

**In Suquamish befindet sich das Grab des 1866 verstorbenen Häuptlings Seattle, dem die nahegelegene Metropole ihren Namen verdankt. Ganz in der Nähe liegt das Old Man House, ein kleiner Park am Südrand des Ortes. Dort stand einst das 270 Meter lange und 20 Meter breite Langhaus des legendären Duwamish-Häuptlings. Es wurde 1872 auf Befehl der Regierung in Washington zerstört, um die Indianer endgültig zu »zivilisieren«. Alljährlich im August feiert der Ort zu Ehren des Häuptlings die Chief Seattle Days mit traditionellem Lachsessen, Kanurennen und rituellen Tänzen.**

Aberdeen: Hoquiam Castle, … … Hebebrücke über den Wiskah (unten)

Pow Wow in der Port Madison Reservation der Suquamish: Die Trommeln rufen zu traditionellen Tänzen zu Ehren des legendären Chief Seattle

An den Ufern der Flüsse, Seen und Teiche findet man Kappensänger, deren kehliges Krächzen auch von einem Frosch stammen könnte, sowie Blaureiher. Die Sumpfschnepfe trifft man nur zur Paarungszeit in Gesellschaft, sonst lebt sie allein. Eines der eigentümlichsten Lebewesen des Regenwaldes ist die zehn Zentimeter lange, ockergelbe Bananenschnecke, die man leicht mit einem verwelkten Blatt verwechseln kann.

## Geheimnisvolle grüne Dämmerwelt: Quinault- und Hoh-Regenwälder

Vom Highway 101, der den Nationalpark fast umrundet, gehen Stichstraßen ab in die Wälder und zu den Küsten. In den gut zugänglichen Quinault- und Hoh-Regenwäldern wandert man auf schmalen Pfaden wie durch einen Märchenwald. Zwischen Farnwäldern mit ausladenden Blattfächern, Flechten und Pilzen liegen von Baummoosen überwucherte, vor Jahren umgestürzte, halbzerfallene Baumriesen. Aus diesen »Ammenbäumen«, die auch ihre eigenen Schößlinge lange Jahre mit Nahrung versorgen, wachsen neue Bäume. Sitkafichten, die in einem schmalen Gürtel entlang der pazifischen Küste von Nordkalifornien bis Alaska gedeihen, werden 90 Meter hoch, Hemlocktannen, Rotzeder, Douglaskiefer und Großblattahorn streben gemeinsam und gegeneinander zum Licht. Überall tröpfelt es vom letzten Regenschauer, Nebelschwaden liegen über dem Land – eine geheimnisvolle Dämmerwelt von hundert verschiedenen Grüntönen, die nur selten von der Sonne ausgeleuchtet wird.

An der Küste bietet sich ein ganz anderes Bild. Schroffe Felsen, an denen sich die Urgewalt des Ozeans entlädt, wechseln sich ab mit Sand- und Kieselstränden, an denen sich bleiches Treibholz türmt. Kegelförmige Felsen, »Seastacks«, ragen vor der Küste aus dem Wasser, durch die ausdauernde Kraft von Wellen und Wind von Festland abgetrennt. Bei Ebbe kann man kräftig gefärbte Algen, Seeanemonen, Seeigel und Seesterne ausmachen, die sich am Meeresboden oder an Felswänden festklammern.

Vor der Küste ziehen zweimal im Jahr auf ihrem Weg zwischen Alaska und Mexiko Grauwale vorbei. Im Wasser schwimmen Robben und erst seit einigen Jahren wieder die im 19. Jahrhundert fast ausgerotteten Seeotter. Die Tiere, die häufig auf dem Rücken schwimmend einen Stein auf dem Bauch festhalten, um damit Muscheln zu öffnen, waren ab 1740 für ein Jahrhundert lang die wichtigste Jagdbeute: Etwa 200 000 Tiere wurden getötet, ihre Felle zu begehrten modischen Pelzen verarbeitet.

# REISE-INFO OLYMPIC-HALBINSEL

**Karte:** Seite 112/113, Planquadrat C 3.

**Allgemein:** Der Olympic National Park wurde 1938 gegründet und ist 3731 qkm groß. Ein Dutzend Straßen führt von der US 101 in den Park hinein, aber nicht hindurch. Der Nationalpark hat Anteil an drei Ökosystemen: dem Wald und den Matten der subalpinen Zone, dem Feuchtwald der gemäßigten Zone und der felsigen Pazifikküste.

**Anreise:** Mit dem Auto erreicht man den Olympic N. P. auf der US 101, Seattle liegt vom Nordeingang des Parks etwa 90 Meilen entfernt.
»Olympic Bus Service & Tours« (Tel. 360/452-3858) verbindet Port Angeles mit Seattle. »Gray Line of Seattle« (Tel. 800/426-7632) bietet Ausflugsfahrten von Seattle zum Olympic N. P. an. Der Busdienst von »Clallam Transit« verbindet Mo–Sa Port Angeles mit Sequim, Joyce, Lake Crescent, Forks, Neah Bay und La Push (Tel. 360/452-4511).
Fairchild International Airport, der Flugplatz von Port Angeles, wird mit Horizon Air von Seattle aus angeflogen.
Die Schiffe der »Black Ball Transportation« (Tel. 360/457-4491) queren mit Passagieren und Autos die 17 Meilen breite Juan de Fuca Strait ins nördliche Victoria (Kanada). Schneller geht es auf der gleichen Strecke mit den Personenfähren der »Victoria Express«, die auch Fahrräder mitnimmt (Tel. 360/452-8088).

**Unterkunft:** »Shilo Inn« (707 Ocean Shores Blvd. NW, Ocean Shores, Tel. 360/289-4600, Fax 289-0355), modernes Tagungs- und Familienresort, direkt an der Küste. Im »Iron Springs Ocean Beach Resort« 5 Meilen weiter nördlich (Copalis Beach, SR 109, Tel. 360/276-4230, Fax 276-4365) wohnt man in Häuschen oder Appartements, die im Naturgelände an einer traumhaft schönen Bucht verstreut sind.
»Sandpiper« (4159 SR 109, Pacific Beach, Tel. 360/276-4580) bietet südlich der Quinault-Indianerreservation makellose Unterkünfte mit Meerblick, jedoch ohne TV oder Telefon.
Die massive, mit Holzschindeln verkleidete »Lake Quinault Lodge« (South Shore Rd., Quinault, Tel. 360/288-2900) bedient ihre Gäste seit 1926. Im Abendrestaurant wird klassische Northwest-Küche serviert. Ein guter Tip für das Nordufer des Lake Quinault ist das »Lochaerie Resort« (638 North Shore Rd., Tel. 360/288-2215) mit gemütlichen Häuschen in Seenähe.
Die »Kalaloch Lodge« (157151 US 101, Tel. 360/962-2271, Fax 962-2271) liegt an der wilden, einsamen Küste des Olympic National Park. Die Zimmer sind von unterschiedlicher Qualität, das Restaurant bietet solide Kost.
»Huckleberry Lodge« (1171 Big Pine Way, am nördl. Ende von Forks, Tel. 360/374-6008) heißt eine traumhafte, kleine Unterkunft, mit heißem Bad im Freien, engagierter Lodge-Keeper. Die »Lake Crescent Lodge« (416 Lake Crescent Lake, Tel. 360/928-3211) liegt wunderschön am gleichnamigen See – und das seit mehr als 80 Jahren.
»Log Cabin Resort« (Nordende vom Lake Crescent, Tel. 360/928-3245, Fax 928-3245), einfache Blockhütten und Zimmer, mit und ohne Bad. Lachs, Heilbutt, Muscheln, frisch aus dem Meer in urigem Restaurant.
»Sol Duc Hot Springs Resort« (westl. vom Lake Crescent, Zufahrt von der US 101 nach 12 Meilen nach Süden, Tel. 360/3273583) gruppiert sich mit 32 kleinen Ferienhäusern um die heißen Quellen. Das »Tudor Inn« in Port Angeles (1108 S. Oak St., Tel. 360/452-3138) ist eine gelungene Bed & Breakfast-Herberge mit gemütlicher Atmosphäre und herzhaftem Frühstück.

**Campingplätze:** Die Campgrounds im Nationalpark sind einfach, ohne Duschen oder elektrische Stromversorgung, dafür mitten in unberührter Natur. Plätze lassen sich nicht reservieren, sie operieren nach dem Grundsatz »first come, first served«. Einige sind kostenlos, die meisten erheben eine Gebühr von 10 US-$. Die Hälfte der 17 Plätze mit knapp 1000 Stellplätzen ist für Wohnmobile zugänglich. Eine Liste der Plätze mit Lagebeschreibung ist bei der Nationalpark-Verwaltung erhältlich. Auch im Olympic National Forest (Tel. 360/956-2300) sind weitere Naturcampingplätze eingerichtet.

Naturerbe der Menschheit: Olympic-Nationalpark

**Restaurants:** »Parma« (116 W Heron St., Aberdeen, Tel. 360/532-3166), italienische Überraschung an der Bucht von Grays Harbor mit guten Gnocchi. Das »C'est Si Bon« (2300 Hwy. 101 E, östl. von Port Angeles, Tel. 360/452-8888) ist das eleganteste Restaurant der Olympic-Halbinsel, mit französisch inspirierter Küche. Schließlich stammen die Besitzer aus Frankreich.
»Mombasa Coffee Company« (113 W 1st St., Port Angeles, Tel. 360/452-3238) röstet und serviert würzige Kaffeemischungen. »Bonny's Bakery« hat sich in einer ehemaligen Kirche einquartiert und verkauft süßes Gebäck (502 E 1st St., Port Angeles, Tel. 360/457-3585).
»The Three Crabs« heißt das große Restaurant an der Küste bei Dungeness, nördlich von Sequim (11 Three Crabs Rd., Tel. 360/683-4264), das sich auf die Zubereitung der zarten Dungeness Crab spezialisiert hat.

**Nachtleben:** Seven Cedars Casino, 5 Meilen östlich von Sequim, an der US 101, Tel. 360/683-7777.

**Sehenswürdigkeiten/Museen:** Vom Park des »Port Angeles Fine Art Center« (E Lauridsen Blvd., Tel. 360/457-3532, Do–So 11–17 Uhr) hat man einen schönen Blick auf die Stadt. In den Räumen wird zeitgenössische Kunst gezeigt.
Das »Arthur D. Feiro Marine Lab« (Port Angeles City Pier, Tel. 360/452-3940, im Sommer Di–Sa 10–17, im Winter Sa–So 12–16 Uhr) präsentiert das Meeresleben um die Olympic-Halbinsel, mit farbenprächtigen Seesternen und Seegurken, Seeaalen, Kraken und Quallen.
Im »Sequim-Dungeness-Museum« (175 W Cedar St., Sequim, Tel. 360/683-8110) ist ein hier gefundenes Mastodon-Skelett aus der letzten Eiszeit, die Geschichte der Erkundungen des britischen Kapitäns Vancouver und der Kultur der Klallam-Indianer ausgestellt.
»Soleduck Hatchery Interpretive Center« (Pavel Rd., Sappho, Tel. 360/327-3246, tgl. 8–16.30 Uhr): Information über den Lebenskreislauf, Aufzucht und Fang von Lachsen.
Im »Makah Cultural and Research Center« (SR 112, Neah Bay, Tel. 360/645-2711, im Sommer tgl. 10–17, Rest des Jahres Mi–So 10–17 Uhr) präsentieren die Makah-Indianer in einer bemerkenswerten Ausstellung ihre Kultur und die Lebens-

weise untergegangener Indianerkulturen. Dabei werden Funde aus einer nahe gelegenen, ehemaligen Makah-Siedlung gezeigt, die vor 500 Jahren verschüttet worden war und 1970 durch Erosion wieder zum Vorschein gekommen ist.
Das »Forks Timber Museum« (US 101, südlich von Forks, Tel. 360/374-9663, tgl. von 10–16 Uhr von Mitte April bis Mitte Oktober) hat Umfang, Hintergründe und Techniken der Holzindustrie im Nordwesten der USA zum Thema.
»Quinault National Fish Hatchery« (Moclips Hwy., Neilton, Tel. 360/288-2508, tgl. 7.30–16 Uhr): Information über die Aufzucht von Lachsen im Terrain der Quinault-Indianer-Reservation.

Die Kanus und Paddel liegen bereit zum Trip auf dem Lake Quinault im Olympic National Forest

**Aktivitäten:** Olympic Raft and Guide Service (239521 US 101 W, Port Angeles, WA 98363, Tel. 888/452-1443) bietet Wildwassertouren auf verschiedenen Flüssen inner- und außerhalb des Nationalparks an.
Diverse markierte und beschriebene Wanderwege sehr unterschiedlicher Dauer führen durch den Nationalpark. Insgesamt gibt es rund 1000 Kilometer Wanderwege. Nähere Informationen bei den Visitor Centers. Für die mehr als einen Tag dauernde Wanderung entlang dem Ozette Loop Trail benötigt man eine Erlaubnis der Park Ranger (Tel. 360/452-0300). Südlich von Forks führt eine Stichstraße in den Hoh Rain Forest. Vom dortigen Visitor Center führen mehrere Rundwege und Wanderungen in die Wildnis, so der Rain Forest Loop Trail. Einer der schönsten Aussichtspunkte ist die Hurricane Ridge. Sie ist leicht von Port Angeles zu erreichen und Ausgangspunkt für einige kürzere und längere Wanderungen.
Wandertouren, bei denen Lamas das Gepäck tragen, bietet »Wooley Packer Llama Co.« (5763 Upper Hoh Rd., Forks, Tel. 360/374-9288).
Fahrräder vermietet »Pedal 'n' Paddle« (120 E Front St., Port Angeles, Tel. 360/457-1240). Zusätzlich werden Touren mit dem See-Kayak angeboten.
Hochseeangeln kann man mit »Olson's Charters« (Sekiu, Tel. 360/963-2311) an der Clallam Bay im Nordwesten, die man von Port Angeles auf der SR 112 nach Westen erreicht. Von hier starten auch Tauchtouren mit »Sekiu Dive Shop« (Tel. 360/963-2281). Angeltouren zu den fischreichen Flüssen und Bächen der Olympic-Halbinsel organisiert »Four Seasons Guide Service« (Tel. 360/327-3380). Wer seine Campingutensilien nicht dabei hat, kann bei »Olympic Mountaineering« (221 S. Peabody St., Port Angeles, Tel. 360/457-3585) alles Notwendige mieten oder kaufen. Hier gibt es auch Ausrüstungen, um die Berge und Gletscher des Olympic N. P. zu erklimmen sowie den »Climber's Guide to the Olympic Mountains«, ein unverzichtbares Handbuch für ernsthafte Kletterer.

**Ausflüge:** »Olympic Van Tours« (Tel. 360/452-0330) bietet von Port Angeles aus Touren auf die Hurricane Ridge, in den Hoh Rain Forest und zur Pazifikküste an. »Storm King«, ein Schaufelraddampfer, kurvt im Sommerhalbjahr über den Lake Crescent, Anleger beim Shadow Mountain General Store, an der US 101 (Tel. 360/452-4520).

**Information:** Olympic N. P., 600 E Park Ave., Port Angeles, WA 98362, Tel. 360/452-0330. Eintritt (7 Tage): 10 US-$/Fahrzeug oder 5 US-$ pro Fußgänger, Fahrradfahrer oder Personen in Bussen).
Olympic National Park Visitor Center (3002 Mt. Angeles Rd., Tel. 360/452-0330, im Sommer tgl. 8.30–18, im Winter 9–16 Uhr). Hoh Rain Forest Visitor Center (Tel. 360/374-6925, im Sommer tgl. 9–19, im Winter tgl. 9–17 Uhr). Storm King Visitor Center, am Lake Crescent, ist nur im Sommer und nicht durchgehend besetzt (Tel. 360/928-3380). Das Hurricane Ridge Visitor Center ist ebenfalls nur im Sommer und nicht durchgehend besetzt. Straßen- und Wetterbedingungen: Tel. 360/452-0329. Hood Canal Ranger & Visitor Information Center (Mitte Mai bis Mitte Sept., tgl. 8–16.30 Uhr). Fundsachen/Information: Tel. 360/452-4501. Information und Erlaubnis für Touren mit Übernachtung: Tel. 360/452-0300. Information über Wetter- und Straßenbedingungen: Tel. 360/452-0330. Ocean Shores Chamber of Commerce, 120 W Chance-a-la-Mer St., Ocean Shores, WA 98569, Tel. 360/289-2451. Visitor Information Center, 121 E Railroad Ave., Port Angeles, WA 98362, Tel. 360/452-2363. Northern Olympic Peninsula Visitor and Convention Bureau, P. O. Box 670, Port Angeles, WA 98362, Tel. 360/452-8552. Grays Harbor Chamber of Commerce, 506 Duffy St., Aberdeen, WA 98520, Tel. 360/532-1924.

Selbst kurze Wanderungen am Hurricane Ridge werden mit traumhaftem Weitblick belohnt

# Unwegsames Rückgrad des Nordwestens

*Großes Foto: Farm beim Methow River. Kleines Foto: In der Westernstadt Winthrop.*

*Die Cascades erstrecken sich zwischen British Columbia und Nordkalifornien und bilden eine gewaltige Ost-West-Barriere, die im Winter teilweise unpassierbar ist. Zudem wirkt das Gebirge wie eine Klimascheide. Im Westen regnen sich die Wolken ab, im Osten überwiegt sonniges Wetter. Diese Berglandschaft, die in großen Teilen einsam und ursprünglich geblieben ist, erschließt sich nur Wanderern und Bergsteigern. Die meisten Touristen zieht es in die »Theme Towns« Leavenworth (Bayern) und Winthrop (Western-Stadt).*

Vorbereitung zum Ausritt in die Berge der North Cascades bei Mazama

Der Methow River begleitet den North Cascades Highway nach Osten

Fast auf dem Kamm der North Cascades befindet sich der Ross Lake

Kinder baden im Lake Shannon-Stausee bei Concrete

Ein steinernes Meer von zerklüfteten Felsspitzen ragt über die von Gletschern ausgekerbten Täler empor. Einige Dutzend kleinere und größere Eisfelder bewegen sich zentimeterweise zu Tal, speisen Bäche, Flüsse und Seen. Weniger als 50 Kilometer von der Bucht des Puget Sound erhebt sich der Gebirgszug der North Cascades jäh auf 2500 bis 3000 Meter.

Winde und Wolken, die vom Pazifik heranziehen, regnen sich hier ab. Für die Plateaus weiter im Osten bis zu den Ausläufern der Rocky Mountains bleibt wenig Feuchtigkeit übrig. Mächtige Rotzedern und Hemlocktannen, dazu Erlen und Ahorn wachsen in den von Bächen und Wasserfällen gut versorgten Trogtälern des Kaskadengebirges. Oberhalb

**Der 2270 Quadratkilometer große North Cascades National Park beherbergt eine der rauhesten und unzugänglichsten Regionen des Kaskadengebirges. Mitten durch die »Amerikanischen Alpen«, die die Indianer »Reich der Götter« nannten, führt der North Cascades Highway, der im Winter allerdings wegen der starken Schneefälle geschlossen ist. Rund 600 Kilometer Wanderwege erschließen diese Landschaft abseits der Ost-West-Querung. Die meisten Besuchereinrichtungen befinden sich beim Ross Lake und der Lake Chelan National Recreation Area, die jedoch nicht zum Nationalpark gehören.**

breiten sich Almwiesen aus. In größerer Höhe behaupten sich nur noch Krüppelkiefern.
Überreste indianischer Siedlungen wurden hier bislang nicht entdeckt. Das wild- und fischreiche Terrain diente den Chelan und den Skagit vorwiegend als Jagdrevier. Auch Niederlassungen europäischer Pioniere sind nur spärlich in den Bergen zu finden. Entlang einiger Paßstraßen, vor allem aber an den Ausläufern des Gebirges in Ost und West passiert man Dörfer und Städtchen. Allein die Aussicht auf Gold, Holz, Felle und später auf die mit Wasserkraftwerken erzeugte elektrische Energie war Ansporn genug, die Felsbarriere zu überwinden. Die Bergkette aber setzte selbst ihrer Erkundung heftigen Widerstand entgegen. Die Namen einiger Gipfel, wie »Mount Fury«, »Mount Terror«, »Mount Despair« oder »Mount Torment« berichten von Stürmen, von der Verzweiflung und den Qualen ihrer Entdecker.

Die Kette des von zahlreichen Gletschern bedeckten Kaskadengebirges reicht über 800 Kilometer vom Südufer des Fraser River im kanadischen British Columbia bis zum Mount Shasta in Nordkalifornien. Entlang dem Einschnitt am Snoqualmie Pass, mit der Interstate 90 und den Schienensträngen von Amtrak auch eine der Arterien des Ost-West-Verkehrs, verläuft gleichzeitig die Trennungslinie zwischen den älteren Granit- und Gneisformationen der North Cascades und den jüngeren Vulkan- und Sedimentgesteinen der Southern Cascades.

## In Jahrmillionen driftete das Gebirge von Mexiko nach Nordamerika

Geologen vermuten, daß das Rückgrat der North Cascades bereits vor 90 bis 60 Millionen Jahren entstanden ist, als kleinere tektonische Platten in Höhe des heutigen Mexiko auf den Nordamerikanischen Schild trafen. Das zusammengeschobene und aufgefaltete Gebirge driftete dann im Laufe weiterer Jahrmillionen nach Norden. Mit dem Mount Baker im Nordwesten und dem Glacier Peak im Süden ragen auch in den North Cascades zwei jüngere, weniger als eine Million Jahre alte Vulkankegel mehr als 3200 Meter in den Himmel.

Am Mount Baker, nicht weit von der kanadischen Grenze, versammeln sich ab Dezember Wintersportler, die ursprüngliche Natur und keine mondänen Après-Ski-Erlebnisse suchen. Die gemütlich-altmodischen Liftanlagen befördern eine überschaubare Zahl von Skifahrern auf die ersehnte Höhe. Hier stehen

Per Rad auf dem North Cascade Highway

präparierte Pisten, vor allem aber Tiefschneeabfahrten zur Auswahl. Mit einer Schneedecke von etwa zehn Metern erscheint hier die Gefahr, über blanke Felsbuckel zu rutschen, äußerst gering. Die echten Ski-Fanatiker zieht es im Juli noch ein letztes Mal zum Vulkankegel, bevor der Restschnee an seinem Nordhang endgültig zu schmelzen droht.
Bäche und Flüsse schwellen vor allem zur Schneeschmelze mächtig an. »Cascades«, sprühende Kaskaden von vielen hundert Wasserfällen, haben dem Gebirgszug seinen Namen gegeben. Mit zahlreichen Staudämmen wird die Energie vieler einst zu Tal stürzender Wassermassen gebändigt und in Elektrizität umgewandelt. Allein die Ross- und Diablo-Dämme, die den Skagit River entlang

dem North Cascades Highway aufstauen, decken fast die Hälfte des Strombedarfs der Metropole Seattle.

Viele hundert kleine und größere Seen liegen in Tälern und Senken. Den Anblick der meisten werden nur Wanderer genießen können, die entlang der zahlreichen markierten »Trails« durch die ursprüngliche Berglandschaft streifen. Vom langgezogenen Stehekin Valley, an der Nordspitze des sich über 90 Kilometer erstreckenden schmalen Lake Chelan, führen Dutzende kurzer und längerer Wanderwege durch die Wildnis. Auch der Pacific Crest Trail, der sich über mehr als 4000 Kilometer von Kanada bis in den Norden Mexikos hinzieht, quert das Flußtal des Stehekin River. Der nur mit Übernachtung zu bewältigende Abschnitt vom Rainy Pass am North Cascades Highway bis zum Stehekin Valley gehört zu den beliebtesten Teilstücken dieses populären und anspruchsvollen Bergwanderweges in Washington.

## Nur Wanderer erleben die ganze Schönheit der North Cascades

Wer sich zu Fuß aufmacht, die Schönheiten des Gebirges zu erkunden, wird auch die Chance haben, einige seiner tierischen Bewohner zu sehen. Es muß ja nicht gerade ein Grizzly sein, den Jäger in zurückliegenden Jahrzehnten nahezu ausgerottet haben. Schwarzbären, die hier noch in größerer Zahl in den Wäldern leben, sind ebenfalls imposante Tiere, die einige hundert Kilo Gewicht auf die Waage bringen. Bergziegen können mit ihren beweglichen Hufen noch auf schmalsten und steilen Felsgraten entlang springen, ihr dichtes, weißes Fell schützt sie vor kalten Winterstürmen. Das Rotwild kommt im Winter in die Täler. Dort gibt es dann ausreichend Futter, und die Wälder bieten Schutz vor den kalten Stürmen.

Einen der eigentümlichsten Bewohner der North Cascades muß man mit der Lupe suchen. Eiswürmer, Verwandte des gemeinen Regenwurms, messen nur wenig mehr als einen Zentimeter. Sie leben verborgen im Eiswasser tief in den Gletschern und kommen nur am späten Nachmittag kurz ans Tageslicht, um sich von Pollen und Algenspuren, die der Wind auf die Oberfläche des Eises geweht hat, zu ernähren.

Der North Cascades National Park bildet mit den National Recreation Areas um

Winthrop, an den östlichen Ausläufern der North Cascades, hat sich als Westernstadt herausgeputzt

»Last Trading Post« in der Theme Town Winthrop

**»Themenstädte« haben schon so mancher verloren geglaubten Region eine neue touristische Zukunft ermöglicht. Winthrop am Nordosthang des Kaskadengebirges kultiviert mit Pferden vor dem Saloon, Goldwäsche für Kinder und falschen Hausfassaden erfolgreich sein Western-Image. Leavenworth weiter im Süden hat sich in gut 20 Jahren zu einer perfekten bayerisch-tiroler Kleinstadt entwickelt. In Cashmere setzt man auf die Atmosphäre der Pionierzeit, mit einer auf alt getrimmten Main Street, Gaslaternen und hölzernen Gehwegen.**

Satz und Druck im historischen Pioniermuseum von Cashmere

Leavenworth: Dieser Bilderbuch-Bayer ist Ur-Amerikaner ohne deutsche Vorfahren

Alpenländische Geschäfte, Hotels und Restaurants entlang der Front Street von Leavenworth

die Nordspitze des Lake Chelan und entlang den Ufern des Ross Lake eine Einheit. Nationalforste, wie die Pasayten Wilderness im Osten oder die Snoqualmie Alpine Wilderness im Süden erweitern die größte zusammenhängende »Wilderness Area« der USA, in der menschliche Eingriffe in die Natur kaum gestattet sind. Nördlich der Grenze zu Kanada ergänzen die Skagit Valley und Manning Provincial Parks die ausgedehnten Landschaftsschutzgebiete.

Doch unterwegs sind in diesem über 3000 Quadratkilometer großen Gebiet jenseits der Recreation Areas nur einige Rucksackwanderer und Bergsteiger. Die meisten Besucher zieht es in die »Theme Towns« südlich des Chelan-Sees. Winthrop ist eine von ihnen, die zurecht gemacht ist wie eine Westernstadt aus dem Kino, komplett mit hölzernen Gehsteigen, falschen Fassaden, Saloons, Hufschmied und Postkutsche. Die Marketingidee der Handelskammer hatte Erfolg: Die einst unscheinbare Siedlung hat sich zum Touristenmagneten gemausert.

## Besuchermagneten in der Wildnis: Winthrop und Leavenworth

Ein noch größerer Erfolg ist Leavenworth, die zweite »Theme Town« etwas weiter im Süden. Als Thema gelten Bayern und die Alpen. Die traumhafte Lage im Tal des Wenatchee River mag die Phantasie der Bewohner zusätzlich beflügelt haben. So gibt es ein »Tyrolean Ritz Hotel« und ein »Alpen Rose Inn«, einen Maibaum und ein winterliches Christkindlfest, ein Nußknakkermuseum und ein »Café Mozart«.
Die vor 30 Jahren entwickelte Idee, den Fremdenverkehr mit einem »Projekt Bayern« zu beleben, ist aufgegangen. Anders als in alpenländischen Filialen hat sich selbst McDonald's in Leavenworth in ein bajuwarisches Mäntelchen gehüllt.

# REISE-INFO
# *NORTH CASCADES*

**Karte:** S. 112/113, Planquadrat B/C 5/6.

**Anreise:** Westlich der Northern Cascades verläuft die I-5 in Nord-Süd-Richtung, östlich begleitet die US 97 die Bergkette. Zwischen Burlington und Okanogan quert die SR 20 das Gebirge, verbindet Twisp, Winthrop, Marblemount, Concrete und Sedro Woolley miteinander. Weiter südlich klettert die US 20 von Everett am Mt. Baker vorbei über den Stevens Pass, um am Ostrand der Northern Cascades über Leavenworth Wenatchee zu erreichen. Busse oder Bahn fahren nicht in das Nationalpark-Gebiet.
Von Chelan am Südende des gleichnamigen Sees schippern die »Lady of the Lake« und die »Lady Express« bis nach Stehekin und zurück in etwa 8 Std. (Tel. 509/682-2224). Ein Wasserflugzeug der »Chelan Airways« verkehrt zwischen Chelan an der Südspitze und Stehekin an der Nordspitze des Lake Chelan (Tel. 509/682-5555).
Vom nördlichen Stehekin fahren im Sommer Mini-Busse (Tel. 509/682-2549) in das Stehekin Valley, zu Startpunkten verschiedener Wanderwege. Zwischen Leavenworth, Wenatchee und Chelan verkehrt ein kostenfreier »Link Bus«.

**Unterkunft:** Der Name des »Ross Lake Resort« (Rockport, Tel. 360/386-4437) ist wörtlich zu nehmen. Die Ferienhäuser liegen auf Flößen im See. Verpflegung ist mitzubringen. Die luxuriöse, aus Feldsteinen und Hölzern auf einer Hügelkuppe erbaute »Sun Mountain Lodge« (Patterson Lake Rd., Winthrop, Tel. 509/996-2211, Fax 996-3133) 9 Meilen südöstlich des Westernortes, gehört zu den elegantesten Resorts des Nordwestens. Das »Best Western Cascades Inn« (960 SR 20, Winthrop, Tel. 509/996-3100, Fax 996-3317) bietet eine ordentliche Unterkunft zu moderaten Preisen am östl. Ortsrand. Silver Bay Lodging & Resort (Stehekin, Tel. 509/682-2212) liegt wunderbar an der Mündung des Stehekin River in den Lake Chelan und bietet Bed & Breakfast-Zimmer, Ferienhäuser sowie Kanus und Fahrräder zur freien Benutzung. Die »Hotel-Pension Anna« (926 Commercial St., Leavenworth, Tel. 509/548-6273, Fax 548-4656) muß sich mit ihren geschmackvoll möblierten Zimmern und reichhaltigem Frühstück hinter keiner alpenländischen Herberge verstecken.
Das liebliche Snoqualmie Valley (an der I-90) mit den donnernden Wasserfällen und die »Salish Lodge« kennen viele TV-Zuschauer aus der Serie »Twin Peaks« (6501 Railroad Ave., Tel. 425/888-2556, Fax 888-2420).

**Restaurants:** Im »Milano's Restaurant and Deli« (9990 Mt. Baker Hwy., Glacier, Tel. 360/599-2863) trifft man sich zu Pasta und Wein nach einem Tag auf Skiern in der Mt. Baker Ski Area.
Das beste Restaurant der Region um Winthrop, zusätzlich mit traumhaftem Blick, befindet sich in der »Sun Mountain Lodge« (Tel. 509/996-2211, siehe Hotels). Im Restaurant »Österreich« (633 A Front St., Leavenworth, Tel. 509/548-4031) bringt der österreichische Koch Leopold Haas alpenländische Köstlichkeiten auf den Teller. Der »Brew Pub« (636 Front St., Leavenworth, Tel. 509/548-4545) braut verschiedene Biersorten selbst, darunter einen kräftigen Maibock, natürlich nach deutschem Reinheitsgebot.

**Sehenswürdigkeiten/Museen:** Wer sich über die Lebensbedingungen der frühen weißen Siedler informieren will, findet in dem »Pioneer Village and Museum« von Cashmere (600 Cotlets Way, Tel. 509/782-3230) mehr als 20 Gebäude, vom General Store bis zum Eingang eines Goldbergwerks.

**Aktivitäten:** Alpine Adventures (P. O. Box 253, Leavenworth, WA 98825, Tel. 509/782-7042) organisiert Wildwassertrips und ruhige Familienfahrten in den Bergflüssen der North Cascades.
Zu den bekanntesten Wintersportorten der North Cascades gehören Stevens Pass (Tel. 360/973-2441) westlich von Leavenworth an der US 2, Mission Ridge (Tel. 509/663-6543) südlich von Wenatchee, Snoqualmie Pass (Tel. 206/236-7277) an der I-90 südöstlich von Seattle sowie die Mt. Baker Ski Area (Tel. 360/734-6771) an der SR 542 knapp 60 Meilen östlich von Bellingham.
Wer mit der »Lady of the Lake« von Chelan in Stehekin ankommt, kann mit einem Bus der »Rainbow Falls Bus Tours« (Stehekin Lodge, Lake Chelan, Tel. 509/682-4494) einen Ausflug zu den 100 m hohen Rainbow-Fällen unternehmen.

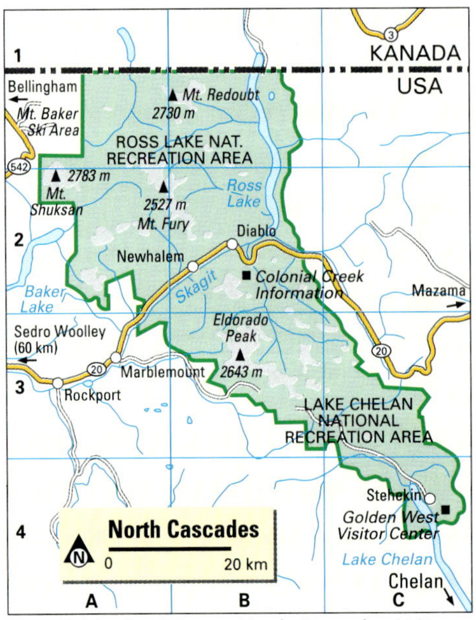

Das »Reich der Götter«: North Cascades N.P.

**Einkauf:** Früchte, Säfte, Marmeladen und Honig aus eigenem Anbau und Verarbeitung präsentieren die Prey-Familie in ihrer Fruit Barn am östlichen Ortsrand von Leavenworth. Brot und Kuchen, in einem alten fränkischen Backofen hergestellt, verkauft die »Homefires Bakery« (13013 Bayne Rd., am Rand von Leavenworth, Tel. 509/548-7362).

**Ausflüge:** Mit einem Boot der »City Lights Skagit Tours« (500 Newhalem St., Rockport, WA 98283, Tel. 206/684-3030) kann man vom Diablo Dam eine mehr als vierstündige Tour auf dem Diablo-Stausee unternehmen.

**Information:** North Cascades National Park Service, 2105 SR 20, Sedro-Woolley, WA 98284, Tel. 360/856-5700. Keine Eintrittsgebühren für den National Park.
North Cascades Visitor Center (Milepost 120, SR 20, Mitte April bis Mitte Nov. tgl. 8.30–17 Uhr, im Sommer länger).
Golden West Visitor Center (Stehekin Landing, Lake Chelan, Mitte März bis Mitte Okt. tgl., Juli/Aug. 8.30–17 Uhr, sonst eingeschränkt). Auskünfte zu Bergwanderwegen (insgesamt 620 km Länge) im Wilderness Information Center (Marlemount, 7280 Ranger Station Rd., SR 20, Tel. 360/873-4500). Das Outdoor Recreational Information Center (Tel. 206/470-4060) des National Forest Service hilft bei der Planung von Wandertrips durch die Berge und Wälder.
Das Glacier Public Service Center (SR 542, Glacier, Tel. 360/599-2714) des Mt. Baker-Snoqualmie National Forest südlich der kanadischen Grenze gibt Informationen zu Bergwanderungen in den Northern Cascades und zu den Gletschern des Mt. Baker.
Winthrop Chamber of Commerce, SR 20, Winthrop, Tel. 509/996-2125. Lake Chelan Chamber of Commerce, 102 E Johnson St., Chelan, Tel. 509/682-3503. Leavenworth Chamber of Commerce, Visitor's Center, Unter dem Uhrenturm, Ecke US 2/9th Street, Tel. 509/548-5807.

Die Berglandschaft der Pasayten Wilderness erstreckt sich vom North Cascades National Park über 2100 Quadratkilometer bis zur kanadischen Grenze

Nur an wenigen Stellen fließt der Wenatchee River so ruhig dahin

Raftingtour auf dem Methow River bei Mazama

Panoramablick von der Terrasse der »Sun Mountain Lodge« bei Winthrop

Die North Cascades bieten reichlich Wildwasser- und Badevergnügen. Bergseen wie der Lake Wenatchee sind selbst in der sommerlichen Hochsaison einsam und klar. Der lange Lake Chelan kann mit einem Ausflugsdampfer erkundet werden. Die vielen zur Stromerzeugung errichteten Stauseen haben sich als ideal für Kanutouren herausgestellt. »Whitewater«-Enthusiasten finden an den Oberläufen von Methow- und Wenatchee River viele Stromschnellen.

Badestelle am Lake Wenatchee

# Reise durch das »Great Inland Empire«

Großes Foto: Felder bei Steptoe. Kleines Foto: Vorgarten in Zillah im Yakima Valley.

*Zwischen Kaskadengebirge und Rocky Mountains liegt das »große Binnenreich«, ein einstmals karges Terrain von Ebenen und Plateaus. Inzwischen ist dieses Land ergrünt: Die riesigen Getreidefelder auf den Hügeln der Palouse, die Gemüse- und Obstplantagen im Yakima Valley wären ohne künstliche Bewässerung nicht denkbar. Der trockene Osten Washingtons lebt von seinen Flüssen, vor allem von den Stauseen des mächtigen Columbia River. Die unumstrittene Metropole des Nordostens ist Spokane.*

Das riesige Gebiet im Wind- und Regenschatten der North Cascades ist kein trockenes, leeres Ödland. Zwar sind die Sanddünen östlich vom Moses Lake, die staubigen Hügel des Ginkgo Petrified Forest State Park am Columbia River oder die Halbwüste der Hanford Nuclear Reservation alles andere als blühende Landschaften, aber Ost-Washington ist mehr: Zum »Great Inland Empire«, dem »großen Binnenreich«, wie der Prediger George Atkinson aus Oregon City bei einer Reise 1898 das ausgedehnte Terrain von Ebenen und Plateaus zwischen Kaskadengebirge und Rocky Mountains treffend charakterisierte, gehören auch die Hügel und Berge der Kettle River Range sowie der Selkirk Mountains im Norden, die Bergwälder der Blue Mountains an der Grenze zu Oregon im Südosten, die Gemüse-, Frucht- und Weinplantagen im Yakima Valley ebenso wie die Weizenfelder zwischen Banks und Spokane oder auf den fruchtbaren Palouse Hills.

## Zahlreiche Staudämme haben das Land fruchtbar gemacht

Der Columbia River kommt aus dem kanadischen British Columbia und zieht in großen Bögen durch den Osten von Washington. Er nimmt das Wasser von Spokane-, Yakima-, Palouse- und Snake River, von allen Flüssen, Nebenflüssen und Bächen mit auf seinen Weg, der nach einer letzten, großen Kehre bei Kennewick nach Westen zum Pazifik führt. Eine Kette von Staudämmen und Reservoirs verlangsamt seinen Kurs, seit 1938 mit dem Bonneville Dam am Unterlauf des Columbia River und 1941 mit dem Grand Coulee Dam auf dem Columbia Plateau die ersten großen Sperr- und Wasserkraftwerke in Betrieb genommen worden sind.

Im US-Kongreß wurde dem kostspieligen Bau der Dämme zäher Widerstand entgegengesetzt. Konservative Abgeordnete befürchteten, daß mit den öffentlichen Großprojekten »durch die Hintertür der Sozialismus eingeführt werden könne«, weil der Staat damit zuviel Macht und Kontrolle über die private Wirtschaft erhalte. Der New Yorker Abgeordnete Francis Culkin erklärte die mit der Koordinierung beauftragte Behörde »Bureau of Reclamation« zum »Staatsfeind Nr. 1«. US-Präsident Roosevelt wußte sich dennoch durchzusetzen, die

Stadtrundfahrt zu den Wandgemälden in Toppenish

Toppenish: der Mythos des Westens, festgehalten auf Wandgemälden

Yakima Valley südlich von Ellensburg

Auf dem Yakima River (unten)

Dank künstlicher Bewässerung gedeihen im Yakima Valley Wein, Gemüse, Obst und Hopfen. Hier liegt das größten Apfelanbaugebiet der USA, und auch ein großer Teil der amerikanischen Hopfenernte wird in der Region produziert.

Im Yakima Valley, dem ältesten Weinanbaugebiet Washingtons, gibt es mehr als 20 Weingüter

Drei Viertel des gesamten amerikanischen Hopfens wächst im Yakima Valley

Dämme wurden gebaut. Viele tausend Arbeitslose erhielten in jenen Jahren, in denen die US-Wirtschaft durch die Weltwirtschaftskrise am Boden lag, Lohn und Brot. Später profitierte vor allem die Kriegsindustrie, die Flugzeuge und Schiffe wie am Fließband produzierte, von den gewaltigen Mengen preiswerter elektrischer Energie.

An der Mündung des Yakima in den Columbia River erregten ab 1942 geheimnisvolle Aktivitäten die Aufmerksamkeit der Bevölkerung. Doch der Sinn und Zweck der neuerrichteten 50000-Einwohner-Siedlung mit ihren riesigen Betriebsgebäuden wurde erst 1945 bekannt: In den hier erbauten Plutoniumfabriken entstand das spaltbare Material für die Atombombe, die am 9. August 1945 auf Nagasaki abgeworfen wurde. Während des »Kalten Krieges« galt die »Hanford Reservation« des US-Energieministeriums mit ihren neun Atomreaktoren als wichtigster Lieferant für die Atomwaffenarsenale der US-Streitkräfte. Unfälle und Leckagen, die erst nach und nach bekannt wurden, haben häufiger Strahlungen freigesetzt.

Heute wird in Hanford, mehr als ein Jahrzehnt nach dem Ende der Plutoniumproduktion, daran geforscht, wie man radioaktive Abfälle und Einrichtungen am besten wieder los wird. Da das Energieministerium nur einen kleinen Teil des Sperrgebiets beanspruchte, präsentiert sich der überwiegende Rest des Geländes nun als unberührte Steppenlandschaft, in der Naturschutzgebiete, wie die »Rattlesnake Hills Research Natural Area« eingerichtet wurden.

Die drei Städte im Süden der Hanford Reservation – Kennewick, Pasco und Richland – sind im Laufe der Jahre zusammengewachsen und haben sich zu den Tri-Cities verbündet, einer urbanen Region am Wasser, die über die

Ost-Washington hat sich zu einem der produktivsten Weizenanbaugebiete der USA entwickelt

Mündung des Yakima bis zu der des Snake River in den Columbia-Fluß reicht. Die Staudämme sind wichtige Energielieferanten, und mit ihrem Wasser wurde die gesamte Region grundlegend verändert: Wo sich früher unwirtliche Salbeisteppen erstreckten, ernten Farmer heute Weizen auf riesigen, künstlich bewässerten Feldern. Hier liegt nun die ergiebigste Kornkammer der USA. Im Yakima Valley gedeihen Früchte, Zucchini sowie einige der besten Weine Washingtons.

## Die Dammbauer schufen ein neues Feuchtbiotop für Vögel

Das Wasser des durch den O'Sullivan Dam aufgestauten Potholes Reservoir ist durch das poröse Gestein in Senken gesickert und hat so eine Teich- und Seenlandschaft in unwirtlicher Umgebung geschaffen, eine Oase, die von Enten, Gänsen, Reihern und anderen Wasservögeln längst als Heimat oder Rastplatz in Beschlag genommen wurde. Am Dry Falls Dam nahe Coulee City tröpfelt ab und an nur ein wenig Wasser am Überlauf herunter. Der größte Teil des zum fast 50 Kilometer langen Banks-

Spokane: Restaurant »Patsy Clark Mansion« ... ... und Innenstadt (unten)

**Spokane ist die zweitgrößte Stadt Washingtons und der wichtigste Umschlagplatz zwischen Minneapolis und Seattle. Der Ort bildet das Zentrum des riesigen Weizenanbaugebietes im Osten des Bundesstaates. Trendforscher sagen der sonnenverwöhnten Stadt eine große Zukunft voraus.**

An seinem Unterlauf durchschneidet der Palouse River die erodierten Scablands bei Hooper

Bei Wallula erhebt sich der Two Sisters-Doppelfelsen in der Nähe des Columbia River

See aufgestauten Nebenflusses des Columbia River wird über ein Netz von Bewässerungskanälen auf die umliegenden Felder geleitet.

Der mächtigste Staudamm der Region und einer der größten der Welt ist der Grand Coulee Dam – ein Ungetüm von 168 Meter Höhe, 1590 Meter Breite und einer 152 Meter starken Basis, der den Columbia River knapp 250 Kilometer lang als Roosevelt Lake aufstaut.

Die Bewässerungsanlagen kultivieren das Land südlich des Columbia River. An seinem nördlichen Ufer beginnt die knapp 6000 Quadratkilometer große Colville Indian Reservation, in der elf Indianerstämme leben. Die Reservation ist nicht auf den Besuch von Touristen eingestellt, Hotels oder Restaurants wird man vergebens suchen. Wenig anders sieht es in der ähnlich großen Yakima Indian Reservation direkt südwestlich des Yakima River aus. In Toppenish, dem Hauptort des Reservats, gibt ein Yakima Indian Nation Cultural Center Auskunft über die Geschichte und kulturellen Traditionen der 14 verschiedenen Stämme, die sich erst zu einer »Nation« zusammenfanden, nachdem sie in der Reservation hatten zusammenleben müssen.

Toppenish gilt seit einigen Jahren selbst als Touristenattraktion, nachdem am 3. Juni 1989 das erste von inzwischen etwa 50 großflächigen Gemälden an Häuserwänden und Fassaden entstanden war. »Mural-in-a-Day« hieß die Idee, die selbst überregional bekannte Maler danach anstehen ließ, häufig mit anderen zusammen, in nur einem Tag ein Wandgemälde fertigzustellen.

## Spokane entwickelt sich zu einem Zentrum des »Neuen Westens«

Eine ganz andere große Idee einte die Bewohner Spokanes, der mit mehr als 400 000 Einwohnern zweitgrößten Stadt Washingtons, im Vorfeld seiner Jubiläumsfeier 1973. Vor hundert Jahren hatte der Unternehmer James Glover an dem Ort eine Sägemühle errichten lassen, wo Indianer vom Stamm der Spokane, die sich wegen des ausgezeichneten örtlichen Klimas passend »Kinder der Sonne« nannten, Lachse an den Stromschnellen eines Flusses fingen. Einige Leute hatten es sich in den Kopf gesetzt, die Weltausstellung Expo in die außerhalb der USA weitgehend unbekannte Stadt im Osten Washingtons zu holen. Überraschenderweise gelang das Vorhaben: Am 4. Mai 1974 eröffnete die Expo '74 bei sonnigen Wetter vor 85 000 Zuschauern. Inzwischen ist die Stadt dabei, sich zu einem der Zentren des »Neuen Westens« zu entwickeln. Dazu beigetragen haben der 40 Hektar große Riverfront Park mit zwei Theatern, einem Opernhaus, einem Zoo und Freizeiteinrichtungen, die historischen Villen der Holz- und Minenbarone, in die vielfach Museen, Restaurants oder Bed & Breakfast-Herbergen eingezogen sind, sowie eine aufgeräumte Innenstadt mit Backsteingebäuden, Brewpubs und Espressobars – und das sonnige Klima.

# REISE-INFO OST-WASHINGTON

## Grand Coulee

**Karte:** Seite 112/113, Planquadrat C 8.

**Unterkunft:** Vom »Coulee House Motel« (110 Roosevelt Way, Coulee Dam, Tel. 509/633-1101) läßt sich die Laser-Show am Staudamm betrachten.

**Nachtleben:** Okanogan Bingo and Casino (41 Appleway Rd., Okanogan, Tel. 800/559-4643) und Coulee Dam Casino (515 Birch St., Coulee Dam, Tel. 509/633-9265): So–Do 10–1, Fr/Sa bis 2 Uhr.

**Sehenswürdigkeiten:** Grand Coulee Dam (Coulee Dam, Tel. 509/633-9265, tgl. 8.30–22 Uhr). Der Staudamm kann bei einer Tour besichtigt werden.

## Spokane

**Karte:** Seite 112/113, Planquadrat C 9.

**Anreise:** Spokane wird von US-Fluggesellschaften angesteuert. Der Zug »Empire Builder« verbindet Spokane mit Chicago/Seattle. Die Züge halten im Bahnhof an der 221 W 1st Ave. (Tel. 509/624-5144). Greyhound (Tel. 800/231-2222), Trailways (Tel. 509/838-4029) streben von Spokane in alle Himmelsrichtungen.

**Unterkunft:** »Cavanaugh's Inn at the Park« (W 303 N River Dr., Tel. 509/326-8000, Fax 509/325-7329) am Spokane River im Stadtzentrum.

**Restaurant:** Sehr beliebt ist das Restaurant »Luna« (5620 S Perry, Tel. 509/448-2383). Der altmodische Drugstore »The Elk« serviert Suppen und Sandwiches (1931 W Pacific Ave., Tel. 509/456-0454).

**Museen:** Das »Cheney Cowles Memorial Museum« (2316 W 1st Ave., Tel. 509/456-3931, Di–Sa 10–17, So 13–17 Uhr) zeigt die Geschichte des Westens, die Entwicklung des Bergbaus, der Holz- und Landwirtschaft.

**Information:** Spokane Convention & Visitors Bureau, 201 W Main St., Spokane, WA 99201, Tel. 509/747-3230.

## Tri-Cities

**Karte:** Seite 112/113, Planquadrat D 7. Richland, Pasco und Kennewick bilden die Tri-Cities.

**Unterkunft:** Das »Ramada Inn Clover Island« (435 Clover Island, Kennewick, Tel. 509/586-0541, Fax 586-6956) bietet Aussicht auf den Columbia River.

**Restaurants:** »Double Shots« nennt sich ein entspanntes Café mit Kaffeespezialitäten und leckeren Brötchen in Richland (1004 Lee Blvd., Tel. 509/946-4224). Im »Harry's at the Tower« (1515 George Washington Way, Richland, Tel. 509/946-4121) gibt es bereits zum Frühstück Köstliches, abends werden Meeresfrüchte und delikate Fleischgerichte serviert. Ab 20 Uhr treten Humoristen auf, später gibt es Musik.

**Sehenswürdigkeiten/Museen:** In der modernen Columbia River Exhibition (95 Lee Blvd., Richland, Tel. 509/943-9000, Mo–Sa 10–17, So 12–17 Uhr) werden Geschichte und Gegenwart des Columbia Basin in einer vielfältigen und interessanten Ausstellung präsentiert. Die »Whitman Mission«, heute ein National Historic Site (an der US 12, westlich von Walla Walla, Tel. 509/522-6360, tgl. 8–18 im Sommer und 8–16.30 Uhr im Winter), erinnert an die frühere Mission von Marcus und Narcissa Whitman, die ebenso wie die Missionare einem Überfall der Cayusa-Indianer zum Opfer fielen.
Im »Fort Walla Walla Complex« (Myra Rd., Walla Walla, Tel. 509/525-7703, April bis Sept. Di–So 10–17, Rest des Jahres Sa/So 10–17 Uhr) kann man Gebäude der Pionier-Ära besichtigen.

**Information:** Tri-Cities Visitors & Convention Bureau, P. O. Box 2241, Tri-Cities, Tel. 509/735-8486, Fax 783-9005.

Palouse Falls nordöstlich von Kennewick

## Yakima

**Karte:** Seite 112/113, Planquadrat D 6.

**Unterkunft:** Aussicht auf den Yakima bietet das »Rio Mirada Motor Inn« (1603 Terrace Heights, Yakima, Tel. 509/457-4444).

**Restaurants:** Das »Birchfield Manor« serviert wunderbare Menüs und vermietet Zimmer mit gutem Ausblick und legendärem Frühstück (2018 Birchfield Rd., Yakima, Tel. 509/452-1960, 457-2334).
Das »Valley Café« (107 W 3rd St., Ellensburg, Tel. 509/925-3050), ein klassischer »American Diner«, serviert Lunchspezialitäten sowie einen vorzüglichen Espresso.

**Nachtleben:** Im »Grant's Pub« (32 N Front St., Tel. 509/575-2922) im ehemaligen Bahnhof von Yakima, werden ein gutes Dutzend Biere aus der eigenen Micro-Brewery gezapft, am Wochenende spielen jeweils abends Jazz- und Bluesgruppen.

**Sehenswürdigkeiten/Museen:** Das Yakama Nation Cultural Center nördlich von Toppenish (US 97, Tel. 509/865-2800, 9–17 Uhr) ist wie eine überdimensionierte Winterhütte der Yakama-Indianer gebaut und beherbergt auch ein Museum zur Geschichte der Indianer-Nation. Das Clymer Art Museum (416 N Pearl St., Ellensburg, Tel. 509/962-6416, Mo–Fr 10 bis 17, Sa/So 12–17 Uhr) zeigt Arbeiten des hier gebürtigen Westernmalers John Ford Clymer.

**Aktivitäten:** »Richie's River Rentals« (Tel. 509/453-2112) vermietet Fahrräder für Touren entlang dem Yakima River.

**Ausflüge:** Kutschfahrten entlang der Western-Wandgemälde in Toppenish (Tel. 509/85-2898) starten gegenüber dem Büro der Mural Society (A-11 S Toppenish Ave., Tel. 509/865-6516).

**Information:** Yakima Valley Visitors & Conventions Bureau, 10 N 8th St., Yakima, WA 98901, Tel. 509/575-1300.
Die Yakima Valley Wine Growers Association (P. O. Box 39, Grandview, WA 98930, Tel. 1-800/258-7270) verfügt über eine Übersicht der knapp 30 Weingüter im Tal mit Adressen, Informationen zu den angebauten Weinen und den Öffnungszeiten der Probierstuben.

Der 3751 Meter hohe Mt. Adams erhebt sich im unwegsamen Gebiet östlich vom Mt. St. Helens

Wasserscooter im Yakima bei Ellensburg

Der mächtige »Grand Coulee Dam« staut den Columbia River

Open-Air-Weinprobe bei Pasco

**Südlich der Tri-Cities fließt der Columbia River in einem Bogen nach Westen. Die Landschaft sieht noch fast so aus, wie sie den Entdeckern Lewis und Clark erschien, die 1805 auf dem Weg zum Pazifik vom Snake- in den Columbia River paddelten. Ihnen folgten Tausende Pioniere, deren Alltag im Walla Walla Museum dargestellt wird. Indianerkostüme sind in der Whitman Mission zu sehen, die an einen Indianerüberfall erinnert, bei dem Dr. Marcus Whitman, seine Frau und elf Missionsangestellte von den Überlebenden einer Masernepidemie getötet wurden.**

Im Pionier Village von Walla Walla stehen Gebäude der frühen Siedler

# Die alpine Welt der schlafenden Vulkane

*Großes Foto: Unterwegs zum Gipfel des Mt. Rainier. Kleines Foto: »Crater Lake Lodge«.*

*Die hochalpine Bergwelt der South Cascades ist vulkanischen Ursprungs. Die meisten der Feuerberge, wie der Mt. Rainier oder der Mt. Adams, schlafen seit Jahrtausenden. Gletscher, Almwiesen und Wälder bedecken die Kraterriesen. Aber tief im Innern rumort es noch immer. Erst vor 20 Jahren ist der Mt. St. Helens erwacht, hat die Umgebung unter Asche und Lava begraben und eine faszinierende »Mondlandschaft« hinterlassen. Auch der tiefblau schimmernde Crater Lake verdankt seine Existenz einer Vulkan-Katastrophe.*

Mt. St. Helens, zwei Jahrzehnte nach der Katastrophe: Die Natur kehrt zurück

Eine dicke Schnee- und Eisschicht liegt auf den Gipfeln vom Mt. Rainier bis zum Mt. McLoughlin. Der Kältepanzer verbirgt, daß die Erde dort unterhalb ihrer erstarrten, kalten Kruste noch immer in Bewegung ist. Aus Lava sind die Bergriesen entstanden, und nach wie vor köchelt flüssiges Gestein in großer Tiefe vor sich hin.

Die Juan de Fuca-Erdplatte vor der Küste von Washington und Oregon bewegt sich mit einer Geschwindigkeit von zwei Zentimetern pro Jahr auf die Nordamerikanische Platte zu. Sie wird von dieser abgebogen, in die Tiefe gedrückt und sendet dabei Schockwellen aus, die Erdbeben und Vulkanausbrüche auslösen können.

Murmeltier im Mt. Rainier National Park

Mt. Rainier: Schnee bis in den Juli

Die bewaldeten Vulkankegel der South Cascades scheinen schon ewig zu existieren, sie sind jedoch »erst« wenige hunderttausend Jahre alt. Immer wieder hat Magma, geschmolzenes Gestein, seinen Weg aus der Tiefe zur Erdoberfläche gefunden, nicht selten mit gewaltiger Macht. Mt. Rainier, Mt. St. Helens, Mt. Adams, Mt. Hood, Mt. Jefferson, die Three Sisters (Faith, Hope und Charity), der Newberry Crater, Crater Lake, Mt. McLoughlin heißen die mächtigsten dieser Krater und Vulkanberge im Süden von Washington sowie in Oregon.

Den indianischen Bewohnern waren die Riesenberge heilig, Trappern dienten sie als Orientierungsmarken. Aber erst die europäischen Pioniere und Siedler ließen sich in ihrer Nähe nieder. Und noch immer wird diesen Bergen mit besonderer Achtung begegnet, ein Respekt, der angesichts der unkontrollierbaren Gewalt, die den Kräften der Erde innewohnt, nur zu begründet scheint.

## Bedrohung und Sehenswürdigkeit: die Krater der South Cascades

Zwei der vier Nationalparks des pazifischen Nordwestens wurden um Kraterberge herum angelegt: Mt. Rainier und Crater Lake National Park. Beim Mt. St. Helens National Volcanic Monument umgibt eine ausgedehnte Landschaftsschutzzone einen dritten Vulkan, der sich vor erst 20 Jahren erneut nachdrücklich bemerkbar gemacht hat.

Ein Kordon seismographischer Beobachtungsstationen registriert mit Hilfe von Satelliten auch geringste Erschütterungen und Erdbewegungen. Bewohner und Urlauber können so rechtzeitig gewarnt werden. Indianische Zeremonien beschwören noch heute regelmäßig die Kräfte der Erde, um sie im Sinne des »Großen Schöpfers« in Balance zu halten.

Der Mt. Rainier, mit knapp 4400 Metern höchster Gipfel der South Cascades, ist wahrscheinlich vor etwa einer Million

Visitor Center des Mt. St. Helens Box Canyon im Mt. Rainier N. P. (unten)

Im Mai 1980 verwüstete eine riesige Wolke aus Asche, Gasen und Dämpfen aus dem Krater des Mt. St. Helens 600 Quadratkilometer Wald. Wie Streichhölzer mähte die Glutwolke selbst große Bäume nieder. 1982 wurde ein 445 Quadratkilometer großes Stück rund um den Vulkan als National Monument unter Schutz gestellt und mit einigen Straßen erschlossen. Inzwischen hat die Natur in dem einst völlig verwüsteten Gebiet wieder Fuß gefaßt. Gräser, Blumen, ja sogar kleine Sträucher und Bäume sprießen zwischen den vom »heißen Atem« des Vulkans gefällten Bäumen hervor. Vögel suchen in der ergrünenden Stein- und Aschewüste nach Nahrung. Neugierig wagt sich Rotwild aus dem Schutz der Wälder auf das kahle Terrain.

Jahren entstanden. Aus einer Erdspalte mag Lava herausgetreten sein, die Täler bedeckte und langsam selbst zu einem Berg heranwuchs. Vor 75000 Jahren erhob sich sein Kegel auf knapp 5000 Meter. Es ist weniger als 10000 Jahre her, daß die Aktivitäten des Vulkans langsam einschliefen. Gewaltige Erdrutsche, wie der Osceola Mudflow vor 5800 Jahren, kamen erst an der 30 Kilometer entfernte Küste des Puget Sound zum Stillstand. Wer heute vom 1917 erbauten »Paradise Inn« im Süden des Nationalparks zu einer Wanderung durch Nadelwälder, über Almwiesen und an Wasserfällen vorbei bis zum Fuße einer der vielen Gletscherzungen wandert, wird jedoch kaum an Feuer und Schlamm denken, sondern allein die Schönheit der Berglandschaft wahrnehmen.

Nur wenig weiter im Süden ist die Erdgeschichte noch Gegenwart. Einer der aktivsten Vulkane der Cascades, der erst 40000 Jahre alte Mt. St. Helens, ist in den letzten 500 Jahren fünfmal ausge-

In der Reservation von Warm Springs werden indianische Traditionen gepflegt

brochen. Am 18. Mai 1980 um 8.32 Uhr morgens brach, angekündigt von Erdstößen und Ascheregen, die durch massive Magmaströme aufgeblähte Nordflanke des Vulkankegels weg. Ein Erdrutsch von eineinhalb Kubikkilometern Gestein und Schlamm begrub mit einer Geschwindigkeit von 120 Stundenkilometern Wälder und Wiesen unter sich. Unter hohem Druck schoß eine Staub- und Aschesäule neun Stunden lang in die Atmosphäre, eine Hitzewelle breitete sich mit 300 Kilometern pro Stunde nach Norden aus und tötete Pflanzen, Tausende von Tieren und auch 57 Menschen.
Knapp zwei Jahrzehnte nach dieser Katastrophe ist, ohne menschliche Hilfe, neues Leben in die »Mondlandschaft« zurückgekehrt. Pflanzen sprießen aus Felsritzen hervor, Kleintiere, ja sogar Rehe sind auf den von Asche bedeckten Hängen zu beobachten. In den hervorragend gestalteten Visitor Centers entlang der Straße zum Aussichtspunkt Johnston Ridge wird mit Hilfe von Filmen, Dioramen, begehbaren Vulkanmodellen und Vorträgen der Ausbruch von 1980 präsentiert.

## Die »Mazamas«: exklusiver Club der Mt. Hood-Bezwinger

Bei klarem Wetter ist der wie ein perfekter Kegel geformte, von Gletschern bedeckte und 3428 Meter hohe Gipfel des Mt. Hood sogar vom mehr als 50 Kilometer entfernten Portland zu sehen. Vier sportliche Portlander waren es auch, die 1857 den Vulkanriesen als erste bezwangen. 1894 kraxelten bereits 200 Männer und Frauen die steilen Hänge hinauf und gründeten im gleichen Jahr den »Mazama Club«. Nur wer einen der von Gletschern bedeckten Gipfel des Kaskadengebirges erklettert hat, darf einen Antrag auf Mitgliedschaft in dieser exklusiven Vereinigung stellen.
Die »Mazamas« verstehen sich auch als Beschützer der Bergwelt und konnten bereits so manche Attacke von Unternehmen abwehren, die die Schönheit des Gebirges in schnelle Dollars ummünzen wollten. Der Bau der »Timberline Lodge« an seinem Südhang fand jedoch

Warm Springs Reservat: Lachs wird in althergebrachter Weise langsam am offenen Feuer gebacken

kaum Gegner. Mit öffentlichen Geldern für Arbeitsbeschaffungsmaßnahmen des »New Deal«-Programms während der Weltwirtschaftskrise errichteten 500 Arbeiter und Künstler ein klassisches Berghotel, das US-Präsident Roosevelt im September 1937 einweihte. Auch die Blockhäuser im »Government Camp«, in denen die Bauarbeiter wohnten, gehören heute zu den bei Urlaubern beliebten Unterkünften. Kinogängern in aller Welt ist die Lodge als Spielort für Stanley Kubricks 1979 gedrehten Gruselschocker »Shining« mit Jack Nicholson in der Hauptrolle in Erinnerung.

Timberline, Mt. Hood Meadows und Mt. Hood Skibowl heißen die drei alpinen Skigebiete, in denen Langläufer, Abfahrer und Snowboarder unterwegs sind. Sportfanatiker können im Frühjahr, wenn auf den Hängen des Mt. Hood der Schnee immer noch meterhoch liegt, hier vormittags durch den Tiefschnee stieben, um nachmittags bereits im Surfrevier von Hood River über die Wellenkämme zu jagen. Der Mt. Bachelor, ein weiterer, seit vielen hundert Jahren schlafender Vulkan westlich von Bend, gehört mit 70 Abfahrten und 56 Kilometern gespurter Langlaufpisten zu den Spitzenskigebieten von Oregon. Wer aus dem »Summit Express«-Lift auf dem 2765 Meter hohen Gipfel aussteigt, wird allerdings zu jeder Jahreszeit erst einmal innehalten vor dem Anblick des überwältigenden Bergpanoramas auf die South Cascades.

Shaniko Ghost Town

Bis in den Juli kann man am Mt. Hood Ski fahren

**Mitte des 19. Jahrhunderts wurden die überlebenden Indianerstämme gezwungen, in Reservaten zu leben. Zu den Confederated Tribes of Warm Springs gehört ein knappes Dutzend Stämme, die früher verstreut im offenen Land lebten. Ein vorzügliches Museum informiert Besucher über kulturelle und geschichtliche Zusammenhänge, in der Sommersaison präsentieren Stammesmitglieder regelmäßig Tänze und bereiten Lachs auf traditionelle Weise zu. Ein Spielkasino sorgt für gute Einnahmen.**

»Fudschijama Amerikas«: Der Mt. Hood beherrscht die gesamte Region

Der Boden der von einzelnen Bäumen bestandenen »Pumice Desert« ist noch immer mit graubrauner Asche bedeckt, die von Norden heranführende Straße klettert weiter einen Hang hinauf, der von einer Felsklippe begrenzt wird. Ein Parkplatz, ein kurzer Weg bis zu einer Brüstung vor einem 300 Meter tiefen Abbruch – ein Anblick, der den Atem stocken läßt. Im tiefblauen, fast kreisrunden Crater Lake spiegelt sich der wolkenlose Himmel. Ein scharfzackiger Felsenkranz umfaßt den See, »Wizard Island«, eine kleine Kraterinsel, ragt im Vordergrund aus dem klaren Wasser.

Den Klamath- und Modoc-Indianern galt der See als heilig, als ein Ort, über den es nicht einmal erlaubt war zu sprechen. Hier sollte sich einst ein gewaltiger Kampf der Götter von Ober- und Unterwelt zugetragen habe. Erst 1853 erfuhr die übrige Welt von diesem Naturwunder, als weiße Goldsucher erstmals staunend an seinem Rand standen.

54 Quadratkilometer groß und bis zu 580 Meter tief ist der Crater Lake im Süden Oregons

## Eine gewaltige Eruption schuf die Caldera des Crater Lake

Vor etwa 7700 Jahren erschütterten Explosionen den Süden des heutigen Oregon. Der Mount Mazama, ein knapp 3600 Meter hoher Vulkan, hatte kurz zuvor begonnen, aus verschiedenen Öffnungen heiße Luft und Asche zu speien. Lava floß aus mehreren Kratern an den Hängen des Mazama zu Tal. Gasexplosionen trieben heiße Asche in die Atmosphäre. Bald waren 13 000 Quadratkilometer der Umgebung mit einer 20 Zentimeter dicken Schicht bedeckt. Niederschläge dieser Aschewolken lassen sich noch heute im fernen Alberta und Saskatchewan nachweisen. Heiße Asche und Lava schossen mit einer Geschwindigkeit von mehr als 150 Stundenkilometern die Abhänge des Berges hinunter und in die umliegenden Täler.

Als der Ausbruch schließlich zur Ruhe kam, waren die oberen eineinhalb Kilometer des Mount Mazama verschwunden. Die mächtige Magmakammer unter der Oberfläche hatte sich vollständig entleert, der Berg, seiner inneren Stabilität beraubt, war in sich zusammengebrochen. Zurück blieb eine schüsselartige Caldera von fast zehn Kilometern Durchmesser, die sich im Laufe der Jahrtausende fast 600 Meter tief mit Regen- und Schmelzwasser füllte und heute Crater Lake heißt.

Wizard Island, ein Vulkankegel im Crater Lake

Nun erscheint der See, der mit dem umliegenden Land schon 1902 als Nationalpark geschützt wurde, wie ein ruhiger blauer Spiegel. Vom »Rim Drive«, einer Panoramastraße, auf der man im Sommer um den See fahren kann, starten Spaziergänge und mehrstündige Wanderungen zu vielen spektakulären Aussichtspunkten.

Inzwischen kann die Wissenschaft die intensive Farbtönung des Sees erklären: Weil das klare, tiefe Wasser alle anderen, weniger energiereichen Spektralfarben des Sonnenlichtes fast vollständig absorbiert, kann nur das Blau reflektiert werden. Das Geheimnis ist gelöst, aber die zauberhafte Atmosphäre des Sees existiert weiterhin.

»The Pinnacles«: Felsnadeln bei Kerr Notch

## Bend

**Karte:** Seite 112/113, Planquadrat F 5.

**Unterkunft:** Die »Best Western Entrada Lodge« (19221 Century Dr., Bend, Tel. 541/382-4080, Fax 382/4080) liegt inmitten eines weitläufigen Naturgeländes 3 Meilen westlich von Bend. In den urigen, mit Komfort ausgestatteten Blockhäusern des »Metolious River Resort« (Camp Sherman, CR 14, 14 Meilen westl. von Sisters, Tel. 541/595-6281, Fax 595-6281) am Ufer des gleichnamigen Flusses läßt es sich gut aushalten. Ein gutes Restaurant (siehe unten) liegt gegenüber.

**Sehenswürdigkeiten/Museen:** Im »High Desert Museum« (59800 S US 97, Tel. 541/382-4754, tgl. 9–17 Uhr), einer ungewöhnlich fundierten und anschaulichen Ausstellung, kann man sich über das Leben in der Wüste informieren. Das »Lava Lands Visitors Center« informiert mit einer gut aufgemachten Ausstellung über die Naturkräfte, die die ausgedehnten Lavafelder des Newberry National Volcanic Monument (58201 S US 97, Tel. 541/593-2421) 11 Meilen südlich von Bend verursacht haben.

**Restaurants:** Die üppigen Hamburger des trendigen »Hotel Sisters Restaurant« (105 W Cascade St., Sisters, Tel. 541-549-7427) gelten schon seit Jahren als beste Oregons.
Das »Kokanee Café« (Camp Sherman, CR 14, 14 Meilen westl. von Sisters, Tel. 541/59-6420) serviert inmitten der bergigen Wildnis traumhaft zubereitete Gerichte.

**Aktivitäten:** Geduldige Pferde und geführte Touren organisieren die »Saddleback Stables« (Sunriver, Tel. 541/593-1221, Anschluß 4420) südlich von Bend. Der Deschutes River, beliebtester Fluß Oregons für Wildwasserfahrten, schäumt an Bend vorbei nach Norden. Bei »Rapid River Rafters« (Tel. 541/382-1514) kann man sich am Ritt auf den Gummiflößen beteiligen. Am Mt. Bachelor, 20 Meilen westlich von Bend, liegt ein mit vielen Pisten ausgebautes Skigebiet (Mt. Bachelor Ski and Sport Center, Tel. 541/382-2442). Wer genug vom Skifahren hat, kann auch eine Tour mit Schlittenhunden unternehmen.
Golfer brauchen im Sommer auf ihr Hobby nicht zu verzichten, im Umkreis von Bend finden sich mehr als 20 Golfplätze, angegliedert an Hotelanlagen oder solo, z. B. den Mountain High Golf Course (China Hat Rd., Bend, Tel. 541/382-1111).

**Information:** Bend Chamber of Commerce, 63085 N US 97, Bend, OR 97701-5765, Tel. 541/382-3221. Bend/Fort Rock Ranger Station (1230 NE 3rd St., Bend, Tel. 541/388-5664) hält Wanderkarten und andere Informationen über die »Three Sisters Wilderness«, Berge und Wälder westlich von Bend bereit.

## Crater Lake N. P.

**Karte:** Seite 112/113, Planquadrat G/H 4.

**Unterkunft:** Von den Zimmern und Häuschen des »Diamond Lake Resort« blickt man auf den gleichnamigen See unmittelbar nördlich der Zufahrt zum Crater Lake N. P. (SR 138, Tel. 541/793-3333). Im Sommer wird hier gewandert, gepaddelt und Fahrrad gefahren, im Winter kommen Skilangläufer sowie Tiefschnee-Enthusiasten, die mit Schneekatzen auf den 2540 m hohen Mt. Bailey transportiert werden, auf ihre Kosten.
Die »Crater Lake Lodge« (565 Rim Village Dr., Crater Lake N. P., Tel. 541/594-2255, Fax 594-2622) liegt traumhaft schön direkt am Rand des Kratersees.
Der weitläufige »Mazama Campground« (Crater Lake N. P., Mazama Village, Tel. 541/594-2255) wird nach dem Prinzip »First Come, First Served« betrieben.

**Ausflüge:** Die Schiffe der Crater Lake Boat Tours tuckern zwei Stunden über den Crater Lake, zu den Inseln Wizard Island und den Felsen des Phantom Ship (Tel. 503/594-2511).

**Information:** Crater Lake N. P., POB 7, Crater Lake, OR 97604, Tel. 541/594-2211.

## Mt. Hood-Region

**Karte:** Seite 112/113, Planquadrat E 5.

**Unterkunft:** Die »Timberline Lodge« entstand in den dreißiger Jahren an der Südflanke des Mt. Hood (Timberline, Tel. 503/231-7979, Fax 272-3710). »The Inn at Cooper Spur« (10755 Cooper Spur Rd., Mt. Hood, Tel. 541/352-6692) bietet Blockhäuser mit kompletter Küche am Ostrand des Mt. Hood-Massivs.
»Kah-Nee-Ta« ist eine moderne Resortanlage in der Warm Springs Indianerreservation (POB K, Warm Springs, OR 97761, Tel. 503/553-1112, Fax 553-1015).

**Restaurants:** »Cascade Dining Room«, das Restaurant der »Timberline Lodge«, ist wegen seiner guten Küche bekannt (Tel. 503/272-3710). »The Brew Pub at Mt. Hood Brewing Co.« braut selbst, serviert gegrillten Lachs und phantasievolle Pizzen (87304 E Government Camp Loop, Timberline, Tel. 503/272-3724). »Log Cabin Inn« (56483 McKenzie Hwy./SR 126, Tel. 541/822-3432) serviert Rotwild-, Büffel- und Bärenspezialitäten.

**Nachtleben:** Im »Indian Head Casino«, das angeschlossen ist an die »Kah-Nee-Ta Lodge« der Warm Springs Reservation, kann man allabendlich sein Glück versuchen (Tel. 503/553-1112).

**Sehenswürdigkeiten/Museen:** »The Museum at Warm Springs« (2189 US 26, Warm Springs, Tel. 503/553-3331, tgl. 10 bis 17 Uhr) in der Reservation der Vereinigten Stämme von Warm Springs dokumentiert Geschichte und Kultur der indianischen Einwohner.

**Aktivitäten:** An den Südflanken des Mt. Hood-Gebirgsmassivs gruppieren sich mehrere ausgebaute Skigebiete (Mt. Hood Recreation Association, P. O. Box 342, Welches, OR 97067, Tel.

Eine Straße führt durch die Lavafelder am McKenzie-Paß westlich von Sisters

503/622-4822): u. a. Timberline (Tel. 503/272-3311), Mt. Hood Meadows (Tel. 503/337-2222), Mt. Hood Skibowl (Tel. 503/222-2695), The Resort at the Mountain (Tel. 800/669-7666), Mt. Hood Village (Tel. 800/255-3069) und Mt. Hood Inn (Tel. 800/443-7777).
Im Sommer können in vielen Skiorten Mountainbikes gemietet werden, z. B. in Welches bei der Race Base (Tel. 503/272-3519) oder in Skibowl (Tel. 503/272-3206). Mietpferde und gemeinsame Ausritte werden von den »Chief Heath Stables« in der Reservation von Warm Springs angeboten (Tel. 541/553-1112).

**Information:** Mount Hood Information Center, 65000 E US 26, Welches, OR 97067, Tel. 503/622-4822.

## Mt. Rainier N. P.

**Karte:** Seite 112/113, Planquadrat D 5.

**Unterkunft:** Im »Paradise Inn« (Ashford, Mt. Rainier N. P., Tel. 360/569-2275) wohnt man in einer historischen Lodge mit Gipfelblick, am Ausgangspunkt vieler Wanderwege. Die kleine, gemütliche »National Park Inn« liegt in Longmire, im südwestl. Teil des Nationalparks (Ashford, Mt. Rainier N. P., Tel. 360/569-2275). Im »Alexander's«, einem freundlichen Country Inn knapp außerhalb des Mt. Rainier N. P. (Ashford, SR 706, Tel. 360/569-2439) läßt sich auch gut essen. Das »Cystal Mountain Resort« (Crystal Mountain, 1 Crystal Mountain Blvd., Tel. 360/663-2558) nordöstlich des Mt. Rainier N. P. liegt in einem der bekannten Wintersportorte Washingtons. Der Packwood RV Park & Campground (an der US 12, Packwood, Tel. 360/494-5145) bietet Campmobilisten die Annehmlichkeiten eines gut ausgestatteten Campingplatzes.

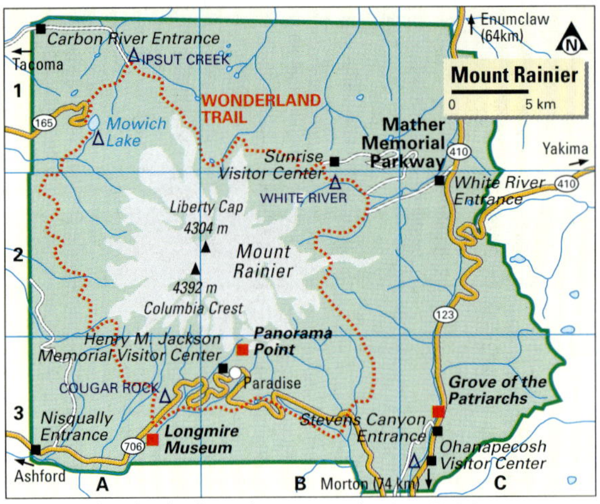

27 Gletscher bedecken die Hänge des Mt. Rainier

**Aktivitäten:** Auf dem 152 km langen Wonderland Trail läßt sich der Mt. Rainier umrunden. Rainier Mountaineering Inc. organisiert Kletter- und Bergwandertouren im Mount-Rainier-Massiv mit erfahrenen Bergführern, verleiht Kletterausrüstungen und veranstaltet Kletterkurse (Okt.–April: 535 Dock St., Suite 209, Tacoma, WA 98402, Tel. 253/627-6242, Fax 627-1280; Mai–Sept.: Paradise, Mt. Rainier N. P., WA 98398, Tel. 360/569-2227).

**Information:** Mount Rainier N. P., Tahoma Woods – Star Route, Ashford, WA 98304, Tel. 360/569-2211, Eintritt, gültig eine Woche, 10 US-$ pro Fahrzeug oder 5 US-$ pro Person. Henry M. Jackson Memorial Visitor Center, Paradise, Tel. 360/569-2211, Anschluß 2328, Sommer tgl. 9–18, Frühjahr und Herbst tgl. bis 18, Winter Sa–So 10–16.30 Uhr. Hier geben Ranger Wanderkarten aus und registrieren Wanderer, die über Nacht und zum Gipfel des Mt. Rainier (15 US-$ Gebühr) unterwegs sein wollen.
Ohanapecosh Visitor Center, südöstl. Parkeingang, Tel. 360/569-2211, Anschluß 2352, Sommer tgl. 9–18, Frühjahr/Herbst Sa–So 9–17 Uhr, im Winter geschl. Sunrise Visitor Center, nordöstl. Parkseite, Tel. 360/569-2211, Anschluß 2357, Juli bis Mitte Sept. tgl. 9–18, Sa bis 19 Uhr, Rest des Jahres geschlossen.

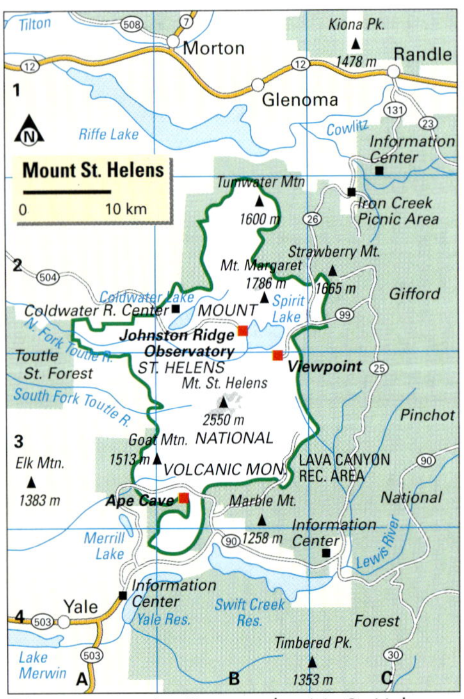

Erinnerung an eine Katastrophe: Mt. St. Helens

## Mt. St. Helens N. M.

**Karte:** Seite 112/113, Planquadrat D 4.

**Unterkunft:** Von der Terrasse des geschmackvollen »Blue Heron B & B« (2846 Spirit Lake Hwy., Castle Rock, Tel. 360/274-9595, Fax 274-2913) kann man hinter dem Wasserspiegel des Silver Lake bei klarer Sicht den Vulkankegel des Mt. St. Helens ausmachen. Das »Mt. St. Helens Motel« (1340 Mt. St. Helens Way NE, Castle Rock, Tel. 360/274-7721) liegt am Beginn der Straße zum Krater.

**Sehenswürdigkeiten/Museen:** Das Mt. St. Helens Cinedome Theater (1239 Mount St. Helens Way NE, Tel. 360/274-8000) zeigt einen beeindruckenden Film des Ausbruchs von 1980.

**Aktivitäten:** Sportliche Mountainbike-Touren rund um den Mt. St. Helens organisiert Brian Cathy (Volcano View Mountain Bike Tours, P. O. Box 539, Castle Rock, WA 98611, Tel. 360/274-0436, Fax 274-0436).

**Ausflüge:** Pacific Air Tours (Abflug von »Buried a Frame«, Tel. 1-888/274-9330) flitzt zwischen Mai und Oktober mit Jet-Helikoptern vom »Geisterwald« zum »Spirit Lake« und über den Krater des Mt. St. Helens.

**Information:** Mount St. Helens National Volcanic Monument Headquarters (42218 NE Yale Bridge Rd., Amboy, Tel. 360/247-5473). Wer will, kann sich schon am heimischen PC den Kegel des Mt. St. Helens auf den Bildschirm holen. Der US-National Forest Service hat am Johnston Ridge Observatory eine Video-Kamera positioniert, die auf den Vulkankrater gerichtet ist und permanent Bilder von dort sendet (www.fs.fed.us/gpnf/mshnvm/volcanocam/index.html).
Mt. St. Helens Visitors Center (3029 Spirit Lake Highway/SR 504, Tel. 360/274-2103). Coldwater Ridge Visitor Center (am Ende der SR 504, vis-à-vis vom Coldwater Lake und dem Krater des Mt. St. Helens, Tel. 360/274-9844).

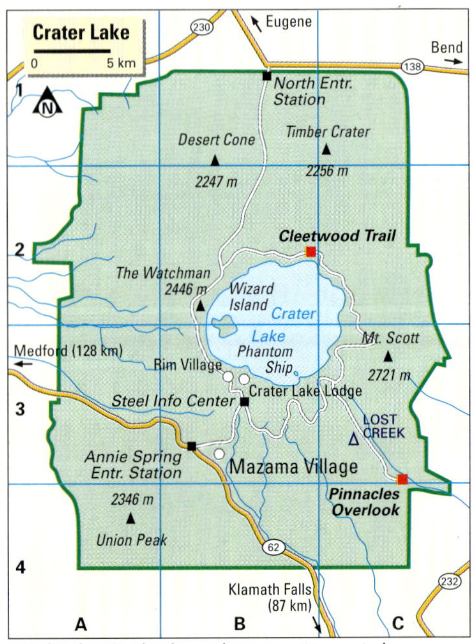

»Perle des Kaskadengebirges«: Crater Lake

Phantom Ship im Crater Lake: Das Alter der 50 Meter aus dem See ragenden Insel aus erosionsfestem Tiefengestein wird auf 400000 Jahre geschätzt

Ein Ausflugsboot fährt zur Wizard Island

Historische Lodge mit Gipfelblick: »Paradise Inn« im Mt. Rainier National Park

Picknick am Mt. St. Helens

Um das Jahr 4860 v. Chr. brach der Mt. Mazama ein letztes Mal aus. Dabei stieß er unglaubliche Mengen Gestein aus, das auf ein Gebiet von 500 000 Quadratkilometern niederregnete. Die nähere Kraterumgebung wurde von meterdicken Gesteinsschichten begraben, die Wälder vernichtet. Der Vulkan verlor durch diese Entleerung an Stabilität und stürzte ein: Ein gewaltiger Kessel, die Caldera, war entstanden. In Jahrhunderten füllte er sich mit Regenwasser zum heute fast zehn Kilometer durchmessenden Crater Lake.

Einige Südhänge des Mt. Hood sind mit Skiliften gut erschlossen

# »Traumgestade« und Küste der Kontraste

*Großes Foto: Heceta Head Lighthouse. Kleines Foto: Strand bei Florence.*

*Nur wenige Küsten der Welt werden so verehrt wie der Pazifiksaum Amerikas. Eine Tour auf dem Highway 101 ist für die meisten eine »Traumreise«. Einer der schönsten Abschnitte ist die fast 600 Kilometer lange Küste Oregons. Feinsandige Strände, zerklüftete Felsen, meilenlange Dünenlandschaften, Nebel und Sonne, Wildnis und Zivilisation wechseln einander ab. Hinter dem Küstengebirge liegt das breite Willamette Valley, das zu den international renommierten Weinanbaugebieten gehört.*

Strandvergnügen im Nebel: Cannon Beach

Klippen, an denen sich die Pazifikwogen brechen, Dünenlandschaften mit Sandbergen wie in der Sahara, Buchten, in denen sich das Treibholz türmt, Fischerorte, Sägemühlen, schicke Sommerfrischen mit Bildergalerien und französischen Restaurants, Straßendörfer mit Budgetmotels und Andenkenläden, Sonne wechselt mit Regen und Nebel: Fast 600 Kilometer zieht sich die abwechslungsreiche Küste Oregons von der Mündung des Columbia River im Norden bis zum »Banana Belt« an der kalifornischen Grenze.

Eine Kette von etwa fünf Dutzend State Parks sowie die langgezogene Oregon Dunes National Recreation Area schützen die Natur. Der öffentliche Zugang ist auch darüber hinaus garantiert: Strände dürfen in Oregon nicht in Privateigentum übergehen, sie gehören der Allgemeinheit.

Gleich hinter dem Küstensaum erhebt sich das Hügelgebirge der Coast Range. Durch seine Täler streben Flüsse wie der Umpqua- und der Rogue River dem Pazifik entgegen. Zudem gehört zu der Region noch das breite, fruchtbare Willamette-Tal, einst Ziel zahlreicher Auswanderer auf dem Oregon Trail, heute renommiertes Wein- und Gemüseland. »Nur zwölf Tage Sonne«, vertrauten die Entdecker Meriwether Lewis und William Clark ihrem Tagebuch an, als sie vom Dezember 1805 bis zum März 1806 nahe dem heutigen Astoria in einem Palisadenfort überwinterten. Obwohl sie erfreut waren, nach ihrer langen und abenteuerlichen Reise quer über den Kontinent endlich an der pazifischen Küste angekommen zu sein, konnten sie sich mit dem Winterregen nicht anfreunden. Wer je selbst im äußersten Westen von Oregon versucht hat, im Winter zu campen, wird auch den Tagebucheintrag von Clark – »Naß, kalt, unzumutbar« – verstehen.

## Rückblick in die Geschichte: Fort Clatsop und Astoria Column

Das Fort Clatsop National Memorial, nach einer Skizze von Clark rekonstruiert, sieht heute, mit sauber geschnittenen Balken und gerade ausgerichteten Böden sowie sommerlichem Lagerleben sicherlich adretter aus als im feuchtkalten Winter vor knapp 200 Jahren. Die Abenteuer der Expedition von Lewis und Clark

Ausritt am breiten Sandstrand von Long Beach

Im Hafen von Ilwaco

Paradies für Kinder: die Strände, Felsen und Klippen der Pazifikküste

Feuerschiff »Columbia«, heute im Museumshafen von Astoria

**Oregons spektakuläre Küste gehört ihren Bewohnern. Ein 1967 verabschiedetes Gesetz regelt, daß alle Strände öffentlich zugänglich sein müssen und sich nicht in privatem Besitz befinden dürfen. Im Süden von Washington erreicht die Küstenstraße, der Highway 101, wieder den Pazifik und folgt der Wasserlinie über Hunderte von Kilometern, vorbei an ausgedehnten Stränden, Steilküsten, bewaldeten Hügeln und Dünen.**

sowie andere Szenen aus der Pioniergeschichte des Nordwesten sind, inzwischen leicht verblichen, auf die 38 Meter hohe, nach der Trajanssäule in Rom gestalteten Astoria Column auf dem Coxcomb Hill in Astoria gemalt. Wer die 166 steilen Stufen der Wendeltreppe in ihrem Inneren erklimmt, wird mit einem Blick über Astoria und den Columbia River bis zum Pazifik belohnt.

Erst 1792, dreizehn Jahre vor Ankunft von Lewis und Clark, hatte der amerikanische Kapitän Robert Gray den durch tückische Sandbänke schwer zugänglichen Columbia River entdeckt. Und schon wenige Jahre nach den beiden Entdeckern ließ Johann Jacob Astor 1811 eine Niederlassung seiner Pacific Fur Company an der Mündung des breiten Stromes errichten, die sowohl von See als auch über Land erreichbar sein sollte. Der nach ihm benannte Handelsposten Astoria war jedoch schon vor Ausbruch des Krieges, der sich 1812 zwischen den jungen USA und Großbritannien um Grenzstreitigkeiten entzündete, kaum noch zu halten gewesen und wurde nun rasch an die Konkurrenz der britischen North West Company veräußert. Große Hafenanlagen und die prächtigen viktorianischen Villen in der Stadt erzählen von den vergangenen goldenen Zeiten des Holzhandels und der Lachsfischerei.

## Der Haystack Rock überragt den Strandort Cannon Beach

Der »Haystack Rock«, ein über 70 Meter großer Basalt-Monolith, der tatsächlich wie ein überdimensionaler »Heuhaufen« in der Brandung vor Cannon Beach im Wasser steht und viele andere »Haystack«-Felsen deutlich überragt, gilt als ein Wahrzeichen der nördlichen Pazifikküste von Oregon. An den Wochenenden im Sommer ist nicht nur dieser gemütliche Strandort mit seinen Buch- und Kunstläden, Restaurants und Galerien von Kurzurlaubern aus Portland überfüllt, sondern auch seine weniger attraktiven Nachbarorte. Hartgesottene und Abgehärtete wagen sich in die Pazifikfluten, andere schlendern an den langen Stränden entlang und halten nach Treibgut Ausschau. Vor einigen Jahren wurde ein-

Cape Foulwater nannte der englische Seefahrer Captain Cook die Felsklippe südlich von Depoe Bay

mal ein ganzer Container mit Sportschuhen angeschwemmt, ein Fest für die »Beachcomber«.

In den Sommermonaten löst in Cannon Beach ein Festival das nächste ab. Die renommierten Sommertheater-Festwochen, Drachenflieger-Wettbewerbe, Vernissagen oder Kunst-Workshops werden aber vom wichtigsten Saisonereignis, dem Sandfigurenwettbewerb, in den Schatten gestellt. Teams mit bis zu acht Mitgliedern haben vier Stunden Zeit, um aus einem Haufen Sand, Wasser, Muscheln oder Seetang ein Kunstwerk zu gestalten.

## Vom Tillamook Head kann man Vögel und Robben beobachten

Vom Eola State Park am nördlichen Ortsrand hat man einen herrlichen Blick auf den langen Strand von Cannon Beach, auf die von Felsen gesäumte Küste. Ein längerer Spaziergang führt zum Tillamook Head, einer Klippe, 400 Meter über dem tosenden Pazifik, zu Aussichtspunkten, von denen man Vogelkolonien und Robbenfelsen beobachten kann. Wer glaubt, an der Küste von Oregon Pinguine gesichtet zu haben, sollte seine sensationelle Beobachtung besser für sich behalten, um sich nicht zu blamieren. »Murres«, Alken-Seevögel, die auch geschickt tauchen können und Pinguinen mit spitzem Schnabel, schwarzem »Frack« und weißer Unterseite zum Ver-

Seelöwen im Hafen von Newport

Das Yaquina Head Lighthouse leuchtet seit 1873 (unten)

Angler in der Tillamook Bay

Am Strand des Fogarty Creek State Park bei Lincoln Beach

An der Boiler Bay spritzt die Gischt bis auf die Straße

**Einer der beliebtesten Orte an der Pazifikküste ist Newport. Schon gegen Ende des 19. Jahrhunderts reisten Touristen mit Dampfschiffen an. Heute hat die Stadt 9000 Einwohner und bietet ihren Besuchern an der Old Bay Front eine Flaniermeile mit zahlreichen Kneipen, Restaurants, Hafenanlagen und Fischmärkten. Im Oregon Coast Aquarium wird die üppige Meeresflora und -fauna präsentiert. Der berühmteste »Gast« des Museums war Orca-Wal Keiko, Star der »Free Willy«-Filme, bis er 1998 nach Island kam zur »Auswilderung«.**

wechseln ähnlich sehen, brüten auf schmalen Felsvorsprüngen ihre Eier aus. Das Tillamook Head Lighthouse auf dem Tillamook-Felsen fast zwei Kilometer vor der Küste in der offenen See, wies fast hundert Jahre lang Schiffen den Weg in die Mündung des Columbia River. Heute dient der ehemalige Leuchtturm als »Columbarium«, in dem Urnen mit den Überresten Verstorbener beigesetzt werden können.

## Im November und Februar ziehen Grauwale an der Küste vorbei

Ende November beginnt die Zeit der Wale. Grauwale, die sich im Sommer und Herbst in der Bering- und der Chukchi-See noch an Plankton und Krill gütlich getan haben, ziehen dann 8000 Kilometer von den Küsten Sibiriens und Alaskas bis zum südlichen Baja California. Das warme Wasser der mexikanischen Lagunen scheint für die bis zu 15 Meter großen und bis zu 45 Tonnen schweren Säugetiere das ideale Ambiente zu sein, um sich näher zu kommen. Im Frühjahr geht es wieder in die kalte, nährstoffreiche Heimat. Ein Jahr später kündigt sich der Nachwuchs an. Wieder geht es nach Süden. Unter der Wärme der mexikanischen Sonne erblicken die 15 Zentner schweren und knapp fünf Meter großen Grauwal-Babys das Licht der Welt. Sie werden sieben Monate lang von den Muttertieren gesäugt, mit einer außerordentlich fett- und nährstoffreichen Milch.

Doch schon ab Februar geht es in kleinen Konvois wieder nach Norden. Während der Zug nach Süden in etwa zwei Kilometer Entfernung von der Küste stattfindet, ziehen die Tiere mit den Jungen im Frühjahr in Strandnähe und langsamer nach Norden. Um die Jahreswende, wenn ungefähr 30 Meeresriesen pro Stunde die vielen Beobachter auf den Felsklippen oder den Walbeobachtungsbooten nach Süden passieren oder Ende März, wenn die meisten der etwa 20 000 Tiere in umgekehrter Richtung unterwegs sind, können die Charterboote in Depoe Bay oder anderen Hafenorten eine »Walgarantie« geben.

Zwischen Heceta Head nördlich von Florence und seinen Seeotterfelsen bis zum knapp 90 Kilometer entfernten Cape Arago südlich der Zwillingsstadt North Bend/Coos Bay zieht sich die Hügelkette der Coast Range etwa vier

Kilometer ins Inland zurück. Grund genug für die Natur, mit einem unerwarteten Kabinettstückchen aufzuwarten. Ed Becker, Area Ranger des für die Betreuung der Oregon Dunes National Recreation Area zuständigen USDA Forest Service, kurvt mit dem Geländewagen über sandige Wege. Am Oregon Dunes Overlook nördlich des Tahkenitch Lake läßt sich die Dünengeologie am besten erklären. Einige Sanddünen sind bis auf eine Höhe von 150 Metern zusammengeweht, dazwischen gedeihen Kiefern auf kleinen Bauminseln. »Starke Meeresströmungen, Ebbe und Flut sowie der Wind als unser ständiger Begleiter sind für die Dünen verantwortlich. Da wir hier keine steilen Felsenküste haben, kann der Wind die feinen Sandpartikel aufnehmen und ein Stück weiter tragen«, weiß Ed zu erzählen.

»Doch da wir die einzigartigen Sanddünen erhalten wollen, haben wir ein Problem. Um die Flußmündungen schiffbar zu halten, wurde Anfang des 20. Jahrhunderts europäisches Strandgras auf die Dünen gepflanzt. Das war so erfolgreich, daß an vielen Stellen gar kein Sand mehr zu sehen ist. Statt dessen wachsen Büsche und Bäume. Jetzt haben wir die Erfahrung gemacht, daß dieses Gras kaum wieder auszurotten ist. Ausreißen wird zu teuer, die chemische Keule kommt nicht in Frage. Wir versuchen jetzt probeweise, die feste Pflanzendecke abzuschürfen. Scalping heißt das.«

## Oregon Dunes: Spagat zwischen Naturschutz und Outdoor-Abenteuer

Die Fahrt geht weiter zum neugestalteten Visitor Center mit einem eindrucksvollen Modell des Dünenstreifens und vielen Informationen über die Entstehung der eigentümlichen Landschaft und ihre Bewohner. Schließlich führt die Tour auf die Umpqua Dunes & Beach Road südlich der Winchester Bay. Ein Schild »Achtung Dune Buggies« bereitet auf den Anblick hinter der nächsten Kurve vor: »Ein Teil der Recreation Area ist für ATV-Fahrzeuge, für All Terrain Vehicles, freigegeben, nun ja«, offenbart Ed, wohl mit dem Anflug eines schlechten Gewissens. Aber da kommen sie schon angesaust, mit breiten Schlappreifen und Überrollbügel, vom Opa bis zum Youngster. Der Spaß scheint weder Klassen- noch Altersgrenzen zu kennen. »Andere Gebiete sind geschützt, dort wo ›Snowy Plovers‹ und andere Strandvögel brüten, da darf man nur auf den Plankenwegen gehen.«

Pistol River State Park: Südlich von Gold Beach unterbrechen nur kleinere Strände die Steilküste

Schlauchboote liegen bereit für »White Water Trips« auf dem Rogue River

In den küstennahen Wäldern von Südoregon, trifft man auf einige der größten Lebewesen der Erde. Douglasien, die bis zu 100 Metern aufragen, sind in der Grassy Knob Wilderness, aber auch weiter im Norden und im Binnenland in den Southern Cascades, zu finden. Die Redwood Sequoias benötigen feuchte Küstennebel zum Gedeihen. Einige Exemplare dieser sonst in Nordkalifornien beheimateten Baumgiganten kann man bei Wanderungen in den State Parks entlang dem Chetco River in der Nähe von Brookings bestaunen.

Im Willamette Valley hätten Sequoias keine Überlebenschance. Hier ist es vor allem im Sommer zu heiß und nicht feucht genug. Für Wein, Nüsse, Gemüse,

Teile der Oregon Dunes dürfen mit »All Terrain Vehicles« befahren werden

**Eine Dünenlandschaft wie die Oregon Dunes gibt es in den USA nicht ein zweites Mal: Turmhohe Wanderdünen ziehen unmerklich weiter, vom Wind vorangetrieben, und begraben Bäume und Büsche unter feinem Sand. Etwa 70 Kilometer zieht sich die »Sahara-on-the-Sea« die Küste entlang. In den für die Dünenvehikel freigegebenen Arealen brettern Off-Road-Fans aus ganz Nordamerika über die Sandhügel und den Strand entlang. Viele bringen ihr im Eigenbau entstandenes Gefährt auf einem Anhänger mit, andere mieten eines bei einem der zahlreichen Vermieter.**

Die gesamte Innenstadt von Jacksonville steht unter Denkmalschutz

Ein Fahrstuhl führt zur Seelöwenhöhle nördlich von Florence

Blumen und Früchte scheint jedoch das richtige Klima zu herrschen. Die bis zu 60 Kilometer breite Ebene zwischen Southern Cascades im Osten sowie der Coast Range und den Klamath Mountains im Westen war das ersehnte Ziel vieler Auswanderer auf dem Oregon Trail seit der Mitte des 19. Jahrhunderts. Die ertragreiche Erde bringt auch heute noch üppige Ernten. Weite Tulpenfelder gehören ebenso zu den Wahrzeichen des fruchtbaren Tals, wie seit einigen Jahren Hügel und Felder mit Weinstöcken.

Salem, die Hauptstadt des Bundesstaates Oregon, wird selten von Urlaubern besucht, wer hier herkommt, hat meistens einen Besprechungstermin. Wer sich allerdings für Kunst und zeitgenössische Wandmalerei interessiert, sollte dem eigentümlich »futuristischen« Bau des State Capitol aus den dreißiger Jahren einen Besuch abstatten. Im Inneren offenbart sich sein eigentlicher Schatz: beeindruckende Wandgemälde, von

Château Benoit bei McMinnville: Im Willamette Valley wachsen köstliche Weine

In der Argyle Vinery bei Dundee

arbeitslosen Künstlern, die während der Großen Weltwirtschaftskrise im Rahmen von Arbeitsbeschaffungsmaßnahmen öffentlich finanziert wurden.

Die Gebiete nördlich und westlich der Hauptstadt um den Ort McMinnville sowie im Süden am Oberlauf des Umpqua River haben sich zu anerkannten Weinregionen entwickelt. Lavaböden, von vulkanischen Ascheregen aufgelockert und mit Mineralien angereichert, Schutz vor allzu üppigen Regenfällen durch die Küstenberge, dabei dennoch regelmäßig feuchte, kühlende Winde – Boden und Mikroklima haben sich als ideal für den Weinanbau erwiesen.

»Cave Château« bei den Oregon Caves

Häufig gedeiht auf früheren Haselnußplantagen vor allem der Klassiker der Weine Oregons, Pinot Noir, auf Weinfeldern, die sich über sanfte Hügel erstrecken. Die traditionelle rote Burgundertraube mit dem typischen Pflaumenaroma wurde zur Meisterschaft entwickelt. Pinot-Noir-Weine verschiedener Weingüter aus Oregon sind inzwischen regelmäßig bei Verkostungen auch in Europa in Spitzenpositionen zu finden. Selbst der »Johnson«, internationales Standardwerk, das die besten Weine und Weingüter der Welt aufführt, hat inzwischen ein eigenes Kapitel für die Winzer in Oregon eingerichtet und lobt das tiefe, voll entwickelte Aroma ihrer Weine.

## Weine aus dem Willamette-Tal gehören zur Spitzenklasse

Neben dem Pinot Noir gewinnen auch der Pinot Gris sowie der Pinot Blanc, die sehr gut zu den Fischgerichten der Küste munden, aber auch andere Tropfen höchste Anerkennung. Die State Road 99 W, bei der das W eigentlich für West steht, aber inzwischen werbewirksam für »99 Wine« verwandt wird, führt quer durch das Weinanbaugebiet im Nordosten des Willamette Valley. Tasting Rooms, Probierstuben, präsentieren ohne moralischen Kaufdruck Kostproben der häufig köstlichen Rebensäfte.

Die Erath Vineyards in Willamette gehören zu den besten Produzenten von Pinot Noir und Weißweinen, ebenso die Eyrie Vineyards, die mit ihrem legendären Pinot Noir 1979 die burgundischen Winzer mit einem dritten Platz bei der Weinolympiade in Paris schockierten. Der Adelsheim Vineyard in Willamette besticht vor allem durch seinen sauberen und ausdrucksstarken Chardonnay. Die Valley View Vineyards im Rogue Valley von Süd-Oregon präsentieren seit etwa zehn Jahren aufregende Weine, darunter einen sensationellen Sauvignon Blanc.

Zu den Pionieren des Weinanbaus im Tal gehören die Ponzi Vineyards. Anfang der siebziger Jahre mußten viele der heutigen Spitzenwinzer noch Geld in einem »ordentlichen« Beruf dazuverdienen, um überleben zu können. Inzwischen haben sich auch renommierte kalifornische Weingüter im Willamette-Tal eingekauft. Einige besonders vielversprechende Lagen haben sich sogar Winzer aus dem Burgund gesichert, dem eigentlichen Stammland des Pinot Noir.

# REISE-INFO
# PAZIFIK-KÜSTE

**Anreise:** Die US 101 verläuft mal direkt an der Küste, mal in angemessener Entfernung zu ihr vom nördlichen Washington und durch Oregon bis nach Los Angeles. Die autobahnähnliche I-5 kommt von Seattle und führt über Tacoma und Portland durch das gesamte Willamette-Tal, um im bergigen Süden von Oregon die Grenze zu Kalifornien zu überschreiten.

Der Amtrak-Zug »Cascades« startet im kanadischen Vancouver und fährt über Olympia und Portland durch das Tal des Willamette River nach Süden bis nach Eugene. Eine ähnliche Strecke legt der »Coast Starlight« zurück, der jedoch von Eugene dem Verlauf der SR 58 folgend, nach Südosten die South Cascades quert und über Klamath Falls Kalifornien zustrebt.

Von Portland und Albany bestehen Anschlüsse mit Greyhound-Bussen nach Newport an der Küste sowie ins südliche Grants Pass, Medford und Ashland.

Eine Buslinie von Greyhound verbindet Astoria, Coos Bay, Newport, Florence und andere Orte entlang der Küste miteinander.

## Pazifik-Küste

**Karte:** S. 112/113, Planquadrat D–H 2/3.

**Unterkunft:** Das »Shelbourne Inn« in Seaview nördlich der Mündung des Columbia River (4415 Pacific Hwy., Tel. 360/642-2442, Fax 642-8904) verwöhnt seine Gäste mit komfortablen Zimmern und opulentem Frühstück. »Our House in Nahcotta« nennt sich das gemütliche Bed & Breakfast Inn, das im ehemaligen Schulhaus des Ortes untergebracht ist (Nahcotta, Dell Rd., Tel. 360/665-6667).

»Franklin Street Station B & B« (1140 Franklin St., Astoria, Tel. 503/325-4314) befindet sich in einem Haus der Jahrhundertwende, aber mit modernen Bädern. Vom Garten des »Rosebriar Hotel« (636 14th St., Astoria, Tel. 503/325-7427), das schon als Konvent und Hospital diente, kann man den Columbia River bewundern. Das »Stephanie Inn« (1400 S. Hemlock St., Cannon Beach, Tel. 503/436-1566, Fax 436-0324), eine romantische Bed & Breakfast-Herberge, scheint für Liebespaare gemacht.

Über den Whirlpool in den Zimmern des »Inn at the Manzanita« zwischen Kamin und Himmelbett hat sich noch kein Gast beschwert (67 Laneda St., Manzanita, Tel. 503/368-6754). Das beliebte »Driftwood Shores Surfside Inn« (88416 1st Ave., Florence, Tel. 541/997-8263, Fax 997-7301) liegt direkt am Heceta Beach.

Das einfache, ordentliche »Anchor Bay Inn« (1821 US 101, Reedsport, Tel. 541/271-2149, Fax 271-1802) liegt an der Küstenstraße nicht weit von den Oregon Dunes. Im »Chetco River Inn« (21202 High Prairie Rd., Brookings, Tel. 541/469-8128, Fax 469-4341), etwa 16 Meilen von der Küste entfernt, trifft man vorwiegend auf Angler.

**Restaurants:** »The Shoalwater Restaurant and the Heron and Beaver Pub« (4415 Pacific Hwy., Tel. 360/642-4142, im »Shelbourne Inn« in Seaview) gehört zu den renommiertesten Restaurants an der Küste, im angeschlossenen Pub gibt es gutes Bier und kleine Gerichte.

Im »The Ark Restaurant & Bakery« (Peninsula Rd., Nahcotta, Tel. 360/665-4133) gibt es wunderbare Austern und herrlich zubereiteten Lachs. »Columbian Café« nennt sich das lebhafte Diner-Restaurant, das Crêpes mit Gemüse und auch gegrillten Lachs serviert (1114 Marine Dr., Astoria, Tel. 503/325-2233). »The Ship Inn« (1 2nd St., Astoria, Tel. 503/325-0033) heißt das sehr englische Fish & Chips-Restaurant, das auch schmackhafte Pies auf der Karte hat.

Das »Cassandra's« (60 Laneda Ave., Manzanita, Tel. 503/368-5113) ist bekannt für seine Salatkompositionen und Designer-Pizzas. Das »Travelers Cove« (1362 Bay St., in Old Town Florence, Tel. 541/997-6845) kocht kleine Leckereien, vorwiegend für Mittagsgäste. »Lord Bennet's« (1695 Beach Loop Rd., Bandon, Tel. 541/347-3663) reichhaltige Fischgerichte sollte man verspeisen, wenn die Sonne im Pazifik versinkt.

Geschichte in Bildern auf der Astoria Column

**Einkaufen:** In »Karla's Smokehouse« (2010 US 101 N, Rockaway Beach, Tel. 503/355-2362) wird der mild duftende, frisch geräucherte Lachs verkauft und per Expreßpost in die gesamte USA verschickt. »Catch the Wind« heißt der gut sortierte Laden mit Drachen und Windspielen in Lincoln City (266 SE US 101, Lincoln City, Tel. 541/994-9500)

Die Factory Outlet Mall »Factory Stores 1 Lincoln City« nördlich von Lincoln gehört zu den besten im Nordwesten (an der US 101).

**Sehenswürdigkeiten/Museen:** Im »World Kite Museum and Hall of Fame« (3rd St. NW, Long Beach, Tel. 360/642-4020, Sommer: tgl. 11–17, Rest des Jahres: Sa/So 11–17 Uhr) nennt sich die farbenprächtige Ausstellung phantasievoller Drachen.

Im »Fort Canby State Park« (Robert Gray Dr., Tel. 360/642-3078, tgl. 10–17 Uhr) an der Südspitze der Long Beach Peninsula erläutert das Lewis and Clark Interpretive Center die lange, von 1803 bis 1805 dauernde Erkundungsreise der Forscher und Entdecker. Der »Fort Columbia State Park« bewahrt die militärischen Befestigungsanlagen der Jahrhundertwende an der Mündung des Columbia River (US 101, östl. von Chinook, Tel. 360/642-3078, Mai–Sept.: Mi–So 10–17 Uhr).

Das »Columbia River Maritime Museum« (1792 Marine Dr., Astoria, Tel. 503/325-2323, tgl. 9.30–17 Uhr) gehört zu besten Schiffahrtsmuseen der USA. »Fort Clatsop National Memorial« (Fort Clatsop Loop Rd., südl. von Astoria, Tel. 503/861-2471, 8–17 Uhr) ist als Rekonstruktion des Winterlagers der Entdecker Lewis und Clark zu besichtigen und im Sommer von Darstellern belebt.

In der »Tillamook Cheese Factory« kann man zusehen, wie der Käse reift und auch die fertigen Produkte erwerben (an der US 101, nördlich von Tillamook, Tel. 503/842-4481). Die Tillamook County Creamery Association (Tel. 503/842-5684) organisiert gegen geringes Entgelt Touren zu umliegenden Farmen mit Milchkühen. Im guten »Oregon Coast Aquarium« erfährt man vieles über die

Küstenflora und -fauna des pazifischen Nordwestens (2820 SE Ferry Slip Rd., Newport, Tel. 541/867-3474, Sommer: 9–18, Winter: 10–17 Uhr).
In den »Sea Lion Caves«, einer natürlichen Höhle unter den Klippen, im Wasser und auf den Felsen sind stets mehrere Dutzend Seelöwen zu finden (91560 US 101, nördlich von Florence, 541/547-3111, Juli/Aug.: ab 8 Uhr, Rest des Jahres: ab 9 Uhr, Schlußzeiten wechseln). An keiner anderen Stelle kann man so bequem aus unmittelbarer Nähe wilde Seelöwen beobachten.

**Aktivitäten:** Strandausritte organisiert »Neskowin Stables« (48490 Hawk Ave., Neskowin, Tel. 503/392-3277). Mit den Pferden von »C & M Stables« (90241 US 101 N, nördlich von Florence, Tel. 541/997-7540) kann man ebenfalls am Strand oder durch die Dünen traben.
Mit den Dune Buggies von »Sand Dune Frontier« kann man durch die freigegebenen Areale der insgesamt 120 qkm großen Oregon Dunes preschen (Tel. 541/997-3544).

**Ausflüge:** Wer sich einer Bootstour zur Walbeobachtung anschließen will, kann sich in Depoe Bay den Trips von »Dockside Charters« (neben der Brücke, Tel. 541/765-2545) anschließen. In Newport veranstaltet »Marine Discovery Tours« (345 SW Bay Blvd., Tel. 541/265-6200) gleichartige Ausflüge.
Mit »Jerry's Rogue River Jet Boats« (Tel. 541/247-4571, Hafen von Gold Beach) lassen sich heiße Ritte auf dem Rogue River unternehmen.

**Information:** Long Beach Peninsula Visitors Bureau, Abzweigung SR 103/US 101, Box 562, Long Beach, WA 98631, Tel. 360/642-2400.
Astoria-Warrenton Area Chamber of Commerce, 111 W Marine Dr., Astoria, OR 97103, Tel. 503/325-6311. Greater Newport Chamber of Commerce, 555 SW Coast Hwy., Newport, OR 97365, Tel. 503/265-8801. Florence Area Chamber of Commerce, 270 US 101, Florence, OR 97439, Tel. 541/997-3128.
Oregon Dunes National Recreation Area, Visitor Center des USDA Forest Service, 855 Ave., Reedsport, OR 97467, Tel. 503/271-3611.
Bay Area Chamber of Commerce, 50 E Central St., Coos Bay, OR 97420, Tel. 541/2690215. Gold Beach Chamber of Commerce, 1225 S. Ellensburg Ave., Suite 3, Gold Beach, OR 97444, Tel. 541/247-7526.

Die über 100 Jahre alte viktorianische Villa von Captain Flavel in Astoria ist heute ein Museum

## Willamette-Tal

**Karte:** Seite 112/113, Planquadrat E/F 4.

**Unterkunft:** Das »Best Western Mill Creek Inn« liegt zentral und bietet sogar einen kleinen Indoor-Pool (3125 Ryan Dr., Salem, Tel. 503/585-3332, Fax 375-9618). Im viktorianischen »Campell House« (252 Pearl St., Eugene, Tel. 541/343-1119, Fax 343-2258) ist ein opulentes Frühstück im Preis enthalten.
Von vielen Zimmern des »Best Western Bard's Inn« (132 N Main St., Ashland, Tel. 541/482-0049, Fax 488-3259) hat man einen Ausblick ins Tal des Bear Creek. Die besten Zimmer im »Riverside Inn« von Grants Pass (971 SE 6th St., Tel. 541/476-6873, Fax 503/474-9848) liegen zur Flußseite. Das Hotelrestaurant gehört zu den besten im Ort.
Die »Oregon Caves Lodge« aus dem Jahr 1934 verbreitet noch immer rustikalen Charme, sie liegt am Canyon in Sichtweite eines Wasserfalls (2000 Caves Hwy., Tel. 541/592-3400, Fax 592-6654).

**Restaurants:** »Gerry Frank's Konditorei« zelebriert kunstvolle Torten, aber auch leckere Suppen und Sandwiches zum Lunch (310 Kearney St., Salem, Tel. 503/585-7070). Im »Oregon Wine Tasting Room« (19700 SW SR 18, Sheridan, Tel. 503/843-3633) lassen sich viele gute Tropfen (jedoch pro Besuch nur sechs verschiedene) verkosten. Das »Zenon Café« (898 Pearl St., Eugene, Tel. 541/343-3005) komponiert die ausgefallene Speisekarte täglich neu, 20 leckere Kuchen bleiben.
Im »Châteaulin«, einem der besten Restaurants von Süd-Oregon (50 E Main St., Ashland, Tel. 541/482-2264) wird französisch inspirierte Küche nahezu perfekt präsentiert.

Das Shelton-McMurphy House in Eugene

Das Cape Disappointment Lighthouse bei Ilwaco hilft Schiffen in den Columbia River

**Nachtleben:** In »Jo Federigo's Café & Bar« (259 E 5th St., Eugene, Tel. 541/343-8488) treten Jazz- und andere Musikgruppen auf. Während des »Shakespeare Festival« in Ashland (15 S. Pioneer St., Tel. 541/482-4331) kommen zwischen Februar und Oktober mehr als 100000 Besucher in die Stadt.

**Sehenswürdigkeiten/Museen:** »Mission Mill Village«, ein Museumsdorf mit Pionierhäusern und Wassermühle, erzählt wie das benachbarte »Marion County Historical Society Museum« die Geschichte der Kolonisierung (1313 Mill St. SE, Salem, Tel. 503/585-7012, tgl. 10–16 Uhr).
Das im klassizistischen Stil erbaute State Capitol lohnt vor allem wegen seiner Reliefplastiken und historischen Wandgemälde eine Besichtigung (900 Court St., Salem, Tel. 503/378-4423, Mo–Fr 8–17, Sa 9–16, So 12–16 Uhr).
Im »University of Oregon Museum of Art« (1430 Johnson La., Eugene, Tel. 541/346-3024, Mi–So 12–17 Uhr) besticht vor allem die Sammlung asiatischer Kunst.
Das »Willamette Science and Technology Center – Wistec« (2300 Leo Harris Pkwy., Eugene, Tel. 541/682-3020, mit angeschlossenem Planetarium) ist ein guter Ort für experimentierfreudige Jugendliche.
Im »Pacific Northwest Museum of Natural History« (1500 E Main St., Ashland, Tel. 541/488-1084, Sommer: tgl. 9–17, Winter: tgl. 10–16 Uhr) wandert man durch nachempfundene Landschaften des pazifischen Nordwestens.

**Einkauf:** Die »American Indian Art Gallery« im kleinen Shakespeare-Festival-Ort Ashland (27 N Main St., Tel. 541/488-2731) präsentiert einige schöne Stücke indianischer Künstler.

Großflächige Wandgemälde im State Capitol von Salem erzählen die Geschichte Oregons

**Ausflüge:** »Grape Escape« (Portland, Tel. 503/282-4262) organisiert Touren zu verschiedenen Weingütern, mit Bus, Verkostungen und einem Lunchstop.
Trips auf dem Rogue River durch den Hellgate Canyon mit Jet-Booten bietet »Hellgate Excursions« an (953 SE 7th St., Grants Pass, Tel. 541/479-7204). Mit Gummiflößen geht es auf die gleiche Strecke mit »Rogue Wilderness« (325 Galice Rd., Grants Pass, Tel. 541/479-9554). Während der Fahrt sieht man oft Hirsche, Adler und andere freilebende Tiere. Paddler, die hier auf eigene Faust unterwegs sein wollen, benötigen ein Permit (Forest Service, Rand Visitor Cen., 14335 Galice Highway, Merlin, OR 97532, Tel. 541/479-3735).
Eine Tour durch die Unterwelt der »Oregon Caves« (SR 46, 20 Meilen südöstl. von Cave Junction, Tel. 541/592-3400, Mai–Mitte Juni: tgl. 9–17, Mitte Juni bis Sept.: tgl. 9–19, Rest des Jahres: 8.30–16 Uhr) führt über mehr als 200 Stufen und dauert etwa 75 Minuten.

**Information:** Yamhill County Wineries Assoc. (P. O. Box 871, McMinnville, OR 97218, Tel. 503/434-5814) publiziert eine Karte mit Weingütern und Probierstuben. Salem Convention & Visitors Center, 1313 Mill St. SE, Salem, OR 97301, Tel. 503/581-4325. Lane County Convention & Visitors Association, 115 W 8th St., Eugene, Tel. 541/484-5307. Grants Pass Visitors & Convention Bureau, 1501 NE 6th St., Grants Pass, OR 97526, Tel. 541/476-7717. Ashland Chamber of Commerce and Visitors Information Center, 110 E Main St., Ashland, OR 97520, Tel. 541/482-3486.

# »Hot spot for cool people« am Willamette River

*Großes Foto: Oregon Convention Center in Portland. Kleines Foto: Saturday Market an der Burnside Bridge, Portland.*

*Während Seattle inzwischen mit den unangenehmen Begleiterscheinungen seines Booms kämpfen muß, hat sich Portland seine angenehme, überraschend europäische Atmosphäre bewahrt – ohne den Anschluß an die Zukunft zu verpassen: Auch Portland hat den Wandel zur High-Tech-Metropole vollzogen. Dabei entwickelt sich die Stadt mit ihrer lebendigen Musik- und Kulturszene, den vielen Kneipen, Kinos und Restaurants zur neuen In-City des Nordwestens.*

Kostenlose Musikbühne inmitten der Innenstadt: Pioneer Courthouse Square

Mit einer hochgeworfenen Kupfermünze fing alles an. Das Kanu von William Overton, einem Abenteurer und Globetrotter, der sich zuvor eine Zeit lang in Tennessee aufgehalten hatte und Asa Lovejoy, einem an der Universität von Harvard ausgebildeten Rechtsanwalt, legte 1843 am Westufer des Willamette-Flusses an. Nicht weit von dessen Einmündung in den breiten Columbia-Strom hatte Overton ein Fleckchen gefunden, das ihm gefiel – umgeben von Wald, mit einer herrlichen Aussicht auf den Mt. Hood im Osten.

## Das Schicksal sorgte dafür, daß aus »The Clearing« Portland wurde

Hier hätte er sich gerne einen Claim von 640 Acre abgesteckt, doch ihm fehlten die 25 Cent, um diesen eintragen zu lassen. Für das Geld stand Lovejoy gerade, gegen eine Beteiligung von 50 Prozent an dem Immobilienhandel. Eine Hütte am Ufer war schnell errichtet, »The Clearing« sollte der zukünftige Ort heißen. Doch Overton verlor bald die Lust an der Pionierarbeit und verkaufte seinen Anteil nur ein Jahr später gegen Vorräte im Wert von 50 Dollar an Francis Pettygrove, einen Kaufmann aus Maine und verschwand wieder im Dunkel der Geschichte.

Die 450 000-Einwohner-Stadt Portland ist der zentrale Verkehrsknotenpunkt im Willamette-Tal

»The Clearing« gefiel den neuen Besitzern nicht, beide favorisierten den Namen ihrer jeweiligen Heimatstadt aus dem Osten für die Siedlung am Willamette River: Lovejoy wollte Boston, Pettygrove war für Portland. Eine hochgeworfene Kupfermünze brachte die Entscheidung für Portland, und dabei blieb es.

Nachdem Captain John Couch 1846 beschlossen hatte, in Portland Anleger für seine Schiffahrtslinie zu bauen, nahm das Schicksal seinen weiteren Lauf. Eine Straße in das fruchtbare Tualatin-Tal brachte Früchte, Gemüse und Getreide, die über Portland nach Kalifornien verschifft wurden. Dort wollten Zehntau-

Orientierung für Weltenbummler

»Portlandia«-Skulptur am Portland Building

sende verpflegt werden, die Ende der vierziger Jahre dem Ruf des Goldes gefolgt waren. Holz wurde außerdem benötigt für Stützbalken in den Goldminen und Häuser. Der Hafen von Portland boomte und breitete sich aus.
Als die Eisenbahnen aus dem Osten der USA Portland erreichten, trafen sie bereits auf eine respektable Stadt, deren Einwohnerzahl zur Jahrhundertwende auf 90000 Menschen anstieg. Bis 1910 waren bereits 250000 daraus geworden. Heute leben 1,7 Millionen Bürger in ihrem direkten Einzugsbereich.
»Hot spot for cool people« hat jüngst eine amerikanische Zeitschrift die Metropole von Oregon genannt, und damit einen Ort bezeichnet, in dem sich seine Bewohner wohlfühlen – mit einer Innenstadt, in der man spazierengehen kann, mit Restaurants, Kneipen und Musikklubs, mit ausgedehnten Stadtparks und einem vorbildlichen Nahverkehrssystem. Lange galten Portlander als konservativ, als selbstzufrieden, die möglichst viel Abstand zwischen sich und ihren Nachbarn sehen wollten. Die Metropole erinnerte mehr an ein Millionendorf als an ein kommerzielles Zentrum.

Zahlreiche Kunstwerke zieren die Straßen von Portland

Die Straßenbahnfahrt durch die Innenstadt ist kostenlos

**»Percent for Art« – ein Prozent für die Kunst legen inzwischen alle öffentlichen und die meisten privaten Bauherren zur Seite. Brunnen, Skulpturen, Wand- und Straßenmalereien – in Portland stößt man an jeder Ecke und nicht nur in der Innenstadt auf überraschende künstlerische Einfälle. Zudem lockern etwa 160 kleinere und größere Grünanlagen das Stadtbild auf.**

## Portland hat den Strukturwandel rechtzeitig vollzogen

Doch Portland hat früher als andere umgeschaltet. Noch bevor die traditionellen Wirtschaftsbereiche Schiffbau, Fischfang und die Holzindustrie auf ihrem Tiefpunkt angekommen waren, hatten sich Soft- und Hardware-Unternehmen im Einzugsbereich der Stadt niedergelassen. »Silicon Forest« nennt man heute die High-Tech-Region in den westlichen Vororten Beaverton und Hillsboro südlich des ausgedehnten Forest Park, in der Fujitsu, NEC, Epson oder Intel fertigen, wo aber ebenfalls die Firmenzentrale des Sportartikelherstellers Nike ihren Sitz hat. Auch der verstärkte Handel mit den Anrainerstaaten des Pazifiks sowie ein wachsender Tourismus haben zu einer weltoffenen, der Kultur zugewandten, legeren Atmosphäre beigetragen, für die Portland heute bekannt ist.

Dabei haben die Bewohner der Metropole ihr besonderes Verhältnis zur Natur bewahrt. Viele haben sich ja gerade deshalb hier niedergelassen, weil sie in einer halben Stunde in der Wildnis sein können, in 90 Minuten zum Skifahren auf einen Vulkan oder zum Strandwandern an den Pazifik fahren können. Mit dem 20 Quadratkilometer großen Forest Park, der sich am Unterlauf des Willamette River entlang zieht und von zahlreichen Fahrrad- und Fußgängerwegen durchzogen ist, verfügt Portland über einen der größten naturbelassenen Stadtparks in den USA.

## Portland hat sich wieder dem Willamette River zugewandt

Der Willamette River war noch vor wenigen Jahren durch Industrieabwässer verseucht und eine biologische Leiche. Nach jahrelangen, energischen Anstrengungen, nach dem Bau von Kläranlagen und intensiver Reinigung sind nun sogar die Lachse in den Fluß zurückgekehrt. Vor einigen Jahren hat man – ein für nordamerikanische Städte unerhörter Vorgang – eine Interstate-Autobahn, die am Fluß entlang durch Portland führte, abgerissen und verlegt, so daß mit dem Waterfront Park eine langgezogene Grünzone am Wasser entstehen konnte, die im Sommer Schauplatz zahlreicher Festivals und Veranstaltungen ist.
Portland wird auch »Stadt der Rosen« genannt. Der »Rose Test Garden« im Washington Park, in dem sich zudem der renommierte Zoo und eine japanische Gartenanlage befinden, wurde bereits 1917 von der »Amerikanischen Rosen-Vereinigung« eingerichtet, die auf dem gut zwei Hektar großen Gelände immer mehrere hundert Rosen-Neuzüchtungen auf ihre Vermarktbarkeit testet. Das Rosenfestival, das im Juni mit farbenprächtigen Umzügen und der Kür einer Rosenkönigin gefeiert wird, gehört zu den Höhepunkten der Festsaison.

## Fahrräder, Busse und Bahnen sind beliebte Verkehrsmittel

Anders als Seattle, der Boomtown des Nordwestens, setzt Portland eher diskret auf seine Vorzüge. In der Innenstadt ragen zwar ebenfalls einige Hochhäuser in den Himmel, bei Baugenehmigungen steht jedoch immer die Frage im Vordergrund, ob nicht für zu viele die Sicht auf den imposanten Mt. Hood versperrt würde. Fahrräder haben sich, ganz untypisch für amerikanische Großstädte, zu einem allseits beliebten Fortbewegungsmittel gemausert. Die Stadtverwaltung unterstützt diesen Trend, indem sie Fahrradwege und Stationen anlegen läßt, wo

Ein schöner Ort für ein Hochzeitsfoto: Blütenpracht im »International Rose Test Garden«

Nob Hill District von Portland: schicke Einkaufsstraße im Grünen

Fassadengemälde am Oregon History Center mit Lewis und Clark

**Die Besiedlungsgeschichte des pazifischen Nordwestens läßt sich in zwei Museen besichtigen. In Portland-Downtown befindet sich das History Center. Die Außenwände des Gebäudes zeigen Wandgemälde mit den Forschern William Clark und Meriwether Lewis sowie anderen Pionieren. Im Oregon Trail End Interpretive Center in Oregon City 12 Meilen südlich werden die Gefahren und Schwierigkeiten des 2000-Meilen-Trails nach Westen anschaulich dargestellt.**

Profane Erfrischung für einen Heiligen im katholischen Wallfahrtsort »The Grotto«

man sein Zweirad gut parken und anschließen kann. Wer Busse, die Max-Schnellbahn (Metropolitan Area Express) oder Straßenbahnen im Innenstadtbereich, dem »Fareless Square« nutzt, muß nichts zahlen. Anders als in vielen anderen US-Metropolen sind die Innenstadt und ihre Plätze abends und am Wochenende nicht ausgestorben.

Zur angenehmen Atmosphäre in der Stadt trägt auch das ambitionierte »Percent for Art«-Programm bei, das mindestens ein Prozent der Investitionssumme bei öffentlichen Baumaßnahmen für Kunst reserviert. Inzwischen haben sich viele private Firmen dieser Initiative angeschlossen, so daß Skulpturen, Brunnen oder eine künstlerische Gestaltung der Gehwege zum augenfälligen Markenzeichen von Portland – und nicht nur der Innenstadt – geworden sind. Die 11,5 Meter große, aus Kupfer getriebene Statue der Portlandia, einer Schutzheiligen der Stadt und ihres Handels vor dem Portland Building, ist unübersehbar und allseits bekannt, ebenso wie die phantastische Wetterfahnen-Plastik am Courthouse Square. 60 private Kunstgalerien im Einzugsgebiet der Stadt, die meisten von ihnen im Old Town und Pearl District, zeigen neben den öffentlichen Kunstmuseen, daß bildende Kunst einen festen Platz in Portland hat. Eine lebhafte Theaterszene mit 25 Schauspiel-, Tanz- und Performancetruppen, dazu verschiedene Orchester, Oper und diverse Musikgruppen belegen die Freude an Kultur. Zusammen mit dem entspannten Lebensstil und der Nähe zur Natur ist die Anziehungskraft von Portland in den letzten Jahren enorm gestiegen.

Lagerraum eines »Trail-Ausstatters« im Oregon Trail Center von Oregon City

Auch Beiträge kulinarischer Art haben der Stadt zu wachsender Attraktivität verholfen. Eine Kaffeehauskultur, ähnlich der in Seattle, läßt an allen Ecken

Espressobars aufblühen. Als Bierstadt ist Portland inzwischen am Rivalen aus Washington vorbeigezogen. 40 Mini-Brauereien produzieren im »Munich on the Willamette«, meist nach deutschem Reinheitsgebot und mit in Bayern ausgebildeten Braumeistern, viele Dutzend Biere für einen lokalen, sehr durstigen Markt. Aus den Zapfhähnen strömen Altbier, Hefeweizen, aber auch Ale, Stout und Fruchtbiere. Brewpubs und Restaurants, die neben exquisiter Küche auch die hervorragenden Weine der Region servieren, sind inzwischen über das gesamte Stadtgebiet verteilt.

## »Trendy neighbourhoods«: Old Town, Pearl und Nob Hill

Im Old Town District westlich der Burnside Bridge über den Willamette River, in deren Nähe am Wochenende ein ausufernder »Saturday Market« mit Kunsthandwerk und Trödel veranstaltet wird, konzentrieren sich viele Bars und Nachtclubs. Der Pearl District weiter westlich hat sich aus einem Viertel mit Gewerbebetrieben und Lagerhallen zu einer »trendy neighbourhood« mit Boutiquen, Galerien und Restaurants gehäutet, ähnlich wie vor vielen Jahren SoHo in New York oder SoMa in San Francisco. In Nob Hill, bereits jenseits der Umgehungsautobahn I-405, sind elegante Restaurants zu Hause. Hier können Reisende ihr müdes Haupt in eleganten Bed & Breakfast-Herbergen betten, die in viktorianischen und georgianischen Villen untergebracht sind.

Wer den Willamette River auf einer der vielen Brücken nach Osten überquert, findet sich bald inmitten der Natur. Die alte Bundesstraße US-30, der Columbia River Highway, führt kurvenreich oberhalb der modernen I-84 am Gebirgshang des Mt. Hood-Massivs entlang. Aussichtspunkte, wie am Portland Women's Forum State Park oder dem Vista House des Crown Point State Parks mehr als 200 Meter über dem tief eingeschnittenen Flußtal, bieten traumhafte Panoramablicke. Von den steilen Felshängen südlich des Stromes stürzen dicht beieinander mehr als ein Dutzend Wasserfälle herab, am spektakulärsten die 190 Meter hohen Multnomah Falls.

Zum Ende der letzten Eiszeit, vor mehr als 10000 Jahren, blockierten mehrfach Eisbarrieren im fernen Idaho riesige Schmelzwasserseen, die einen großen Teil des heutigen Montana bedeckten. Mehr als einmal tauten die Eissperren ab und entstanden bei Kälteeinbrüchen wieder neu. Bei Tauwetter strömten jedes Mal unglaubliche Wassermengen nach Westen, spülten sich tiefe Rinnen, »Coulees«, in Zentral-Washington aus und schürften noch am »Columbia River Gorge«, dem 120 Kilometer langen Durchbruch des Flusses durch das Kaskadengebirge, bis zu einer Höhe von 300 Metern die Felsen blank.

Im Tal des Columbia River kann es im Sommer ziemlich heiß werden

White Water Kayaking am White Salmon River ist nichts für Anfänger

Der Columbia River bei Hood River hat sich zum internationalen Surfer-Treffpunkt entwickelt

Der Bonneville Dam von 1938, einer von mehreren Staudämmen zur Flußregulierung und Stromerzeugung am Columbia River, gehörte zu den Vorzeigeprojekten des »New Deal« in der Roosevelt-Ära, mit der auch die Arbeitslosigkeit bekämpft werden sollte. Die »Bonneville Power Authority« heuerte 1941 sogar den Folk-Sänger Woody Guthrie an und ließ ihn die »Columbia River Songs« aufnehmen, die den Fluß und die Staudämme preisen, die sein ungestümes Temperament bezwingen konnten.

## Starkwind-Revier im Binnenland: Hood River

Die Expedition der Forscher Lewis und Clark zu Beginn des 19. Jahrhunderts und auch die Auswanderer auf dem Oregon Trail vier Jahrzehnte später versuchten, ihre Kanus und Flöße heil durch die Stromschnellen des Flusses zu lenken. Vermutlich konnten sie sich kaum an dem Landschaftspanorama erfreuen und würden nur wenig Verständnis aufbringen können für die Surfer, die heute mit Hilfe starker Winde in einem der bekanntesten Reviere Nordamerikas bei Hood River über das Wasser flitzen. Am Labor Day-Wochenende Anfang September schlägt dann die Stunde abenteuerlustiger Schwimmer, die sich frühmorgens zu Hunderten mit dem Schaufelraddampfer »Columbia Gorge« zum Nordufer des Stromes übersetzen lassen, um dann gemeinsam den hier zwei Kilometer breiten Fluß schwimmend zu durchqueren.

Blick über den Women's Forum State Park auf das Tal des Columbia River

Der breite Columbia River strebt ohne Hast dem Pazifik entgegen. Die Schlucht, der spektakuläre Durchbruch des Flusses durch das Kaskadengebirge wenige Meilen östlich von Portland, wird gern als »Rhine Valley of America« bezeichnet. Der 1913 erbaute Columbia River Scenic Highway 30 führt entlang dem Strom zu einigen schönen Aussichtspunkten.

Multnomah Falls: In zwei Stufen stürzt das Wasser 190 Meter in die Tiefe

# REISE-INFO PORTLAND

**Karte:** Seite 112/113, Planquadrat E 3.

**Anreise:** Der »Portland International Airport-PDX« (Tel. 503/335-1234) liegt etwa 10 Meilen nordöstlich der Innenstadt. Er bietet Verbindungen mit vielen nordamerikanischen Städten und Japan, ist über Umsteigeverbindungen auch von Europa aus zu erreichen. Vom Flughafen zu verschiedenen Hotels in der Stadt verkehren von früh bis spät die Busse von »Raz Tranz« (Tel. 503/246-3301, pro Weg ca. 9 US-$). Billiger (1,50 US-$) und langsamer sind die öffentlichen Linienbusse (Nr. 12) von »Tri-Met«. Ein Taxi kostet je nach Bestimmungsort ab 23 US-$.
Die Fernbusse von Greyhound erreichen Portland von Norden, Süden und Osten. Der Busbahnhof befindet sich an der 550 N NW 6th Ave. (Tel. 503/243-2317).
In der historischen Union Station (800 NW 6th Ave., Tel. 503/273-4866) stoppen die Amtrak-Züge »Empire Builder« von Chicago, »Cascades« von Vancouver (Kanada) nach Eugene sowie der »Coast Starlight«, der zwischen Seattle und Los Angeles verkehrt.

**Stadtverkehr:** Im Innenstadtbereich, dem Fareless Square, zwischen dem Willamette River im Osten, der I-405 im Süden und Westen sowie der Hoyt St. im Norden ist die Benutzung der öffentlichen Verkehrsmittel gratis. Darüber hinaus kostet eine Fahrkarte je nach Strecke 1,05 US-$, eine Tageskarte 3,25 US-$. Das dichte Busnetz von »Tri-Met« findet man im kostenlosen »Tri-Met-Guide«, ein Info-Büro von »Tri-Met« am Pioneer Courthouse Square (Tel. 503/238-7433) hilft bei Fragen weiter. »Max – Metropolitan Area Express« (Tel. 503/228-7246) nennt sich das Straßenbahnsystem der Stadt, das einen Linienverkehr bis zum östlichen Vorort Gresham anbietet.
In der Innenstadt sind viele mit dem Fahrrad unterwegs. Fahrradverleih: u. a. »Bike Central« (835 SW 2nd Ave./Taylor St., Tel. 503/2274439) ab 20 US-$ pro Tag.

**Unterkunft:** Im »Mark Spencer Hotel« (409 SW 11th Ave., Tel. 503/224-3293, Fax 223-7848), einem freundlichen City-Hotel, steigen auch viele Künstler bei Gastspielen in der Stadt ab. Das »Mallory« (729 SW 15th Ave., Tel. 503/223-6311, Fax 223-0522) empfiehlt sich als preiswerte, zentrale Herberge.
»Heron House« (2545 NW Westover Rd., Tel. 503/274-1846, Fax 248/4055) heißt das geschmackvolle Bed & Breakfast Inn nahe dem Nob Hill District. Im ehrwürdigen »Governor Hotel« kann man die Geschichte der Lewis-und-Clark-Expedition an den Wandgemälden in der Lobby anschauen (SW 10th Ave./Alder St., Tel. 503/224-3400, Fax 241-2122).
Das »Vintage Plaza« (422 SW Broadway, Tel. 503/228-1212, Fax 228-3598) ist bei Weinfreunden beliebt. Schließlich finden in der Lobby regelmäßig Weinproben regional angebauter Tropfen statt. Der Name des »Riverside« deutet auf seine Lage am Waterfront Park hin (50 SW Morrison Ave., Tel. 503/221-0711, Fax 274-0312). »Hostelling International« heißt das Jugendhotel im lebhaften Südosten der Stadt, das den Geldbeutel nicht zu stark belastet (3031 SE Hawthorne Blvd., Tel. 503/236-3380).

**Restaurants:** Das »Wildwood« (1221 NW 21st Ave., Tel. 503/248-9663) besticht gleichermaßen durch sein modern-elegantes Dekor und die gelungenen Menükreationen. »B. Moloch/Heathman Bakery & Pub« serviert Designer-Pizzas, Sandwiches, Salate und frischgezapftes Bier aus der hauseigenen Micro-Brewery (901 SW Salmon St., Tel. 503/227-5700).
»Fernando's Hideway« ist der ideale Ort für Tapa-Liebhaber und Freunde guter spanischer Küche (824 SW 1st Ave., Tel. 503/248-4709). Keine Frage, welches Gericht in »Jake's Famous Crawfish« am häufigsten serviert wird, eben Jake's berühmte Flußkrebse, und die in vielen leckeren Variationen (401 SW 12th Ave., Tel. 503/226-1419).
Im »Café Mingo« (2112 NW Kearney St., Tel. 503/221-1195) gibt es wunderbar zubereitete italienische Gerichte zu vernünftigen Preisen. »The Brazen Bean« (2075 NW Glisan St., Tel. 503/294-0636) serviert Kaffeespezialitäten bis spät am Abend. Im »Rimsky-Korsakoffee House« ist es immer voll und laut, dazu spielt klassische Musik (707 SE 12th Ave., Tel. 503/232-2640, kein Türschild).

**Nachtleben:** In den Gebäuden des »Portland Center of the Performing Arts« (siehe Stadtplan, Planquadrat B 4; 1111 SW Broadway, Tel. 503/248-4335) sind das Symphonische Orchester, Theater sowie das Ballett zu Hause. Experimentelle Stücke führt das Portland Institute for Contemporary Art (Tel. 503/242-1419) auf verschiedenen Bühnen der Stadt auf. Im »Key Largo« (31 NW 1st Ave., Tel. 503/223-9919) treten lokale Rockgruppen sowie tourende Bands auf. In der »Parchman Farm« (1204 SE Clay St., Tel. 503/235-7831, So geschl.) gibt es guten Blues und etwas zu essen.
Für einen Blick über Portland bietet sich die Bar des »Atwater's Restaurant« (111 5th Ave., Tel. 503/275-3600) im 30. Stock des »US Bancorp Tower« an.
Die »Bridgeport Brewery & Brew Pub« (1313 NW Marshall St., Tel. 503/241-7179) in einem ehemaligen Fabrikgebäude hat stets ein halbes Dutzend frischgezapfte Biere zur Auswahl.

**Sehenswürdigkeiten/Museen:** Jugendliche lassen sich nur schwer aus dem »Oregon Museum of Science and Industry« (1945 SE Water Ave., Tel. 503/797-4000, Di–Sa 9.30–17.30, im Sommer bis 19, Do bis 20 Uhr) wieder entführen, in dem Experimente zu vielen Wissensgebieten möglich sind.
Das »American Advertising Museum« (C 2; 50 SW 2nd Ave., Tel. 503/226-0000, Di bis Sa 11–17, So ab 12 Uhr) zeigt Werbung vom 17. Jh. bis heute. Im »Oregon History Center (A 4; 1200 SW Park Ave., Tel. 503/222-1741, Mi–Sa 11–17, So ab 12 Uhr) erfährt man viel über den Oregon Trail, die weiße Besiedlung und die indianischen Kulturen.

**Einkauf:** »The Laura Russo Gallery« (805 NW 21st Ave., Tel. 503/226-2754) stellt junge Künstler der Region aus. »Powell's City of Books«, der ultimative Buchladen, ist so groß, daß regelmäßig Führungen durch seine Räume veranstaltet werden (B 3; 1005

In Portland gibt es zahlreiche Brauereien: Brauhaus der Portland Brewing Co.

W. Burnside St., Tel. 503/228-4651). »Niketown« ist eher Showroom als Laden für Sportartikel und -bekleidung (930 SW 6th Ave., Tel. 503/221-6453).

**Ausflüge:** Gray Line Sightseeing (4329 N Suttle Rd., Tel. 503/285-9845) bietet Stadtrundfahrten und Sightseeing-Trips in die Umgebung an.

Das »End of the Oregon Trail Interpretive Center« in Oregon City 12 Meilen südl. (1726 Washington St., Tel. 503/657-9336, Mo bis Sa 9–17, So 11 bis 17 Uhr) erläutert in einer Ausstellung, im Sommer mit kostümierten Darstellern, die Geschichte des Oregon Trail. »Fort Vancouver« liegt bereits nördlich des Columbia River (612 E Reserve St., Vancouver, Tel. 360/696-7655, tgl. 9–17 Uhr) und dokumentiert die Geschichte der Hudson Bay Company und der Pelzjäger. Die »Old Aurora Colony«, 20 Meilen südlich von Portland (2nd/Liberty Sts., Aurora, Tel. 503/678-5754, Touren Sa/So 13 u. 15 Uhr), war eine sozialutopische Kolonie deutscher Emigranten.

**Information:** Portland-Oregon Visitors Association, Three World Trade Center, 26 SW Salmon St., Tel. 503/222-2223, Fax 275-9774.

Kompakt und fußgängerfreundlich: das Zentrum von Portland

## Columbia River

**Karte:** Seite 112/113, Planquadrat E 4–6.

**Anreise:** Die SR 14 begleitet den Fluß entlang dem Nordufer, die I-84 im Süden. Die alte Streckenführung der US 30 führt auf einer landschaftlich reizvollen Strecke an den Ausläufern des Mt. Hood-Massivs entlang, mit immer wieder schönen Ausblicken auf den Strom.

**Unterkunft:** Von den Zimmern des »Best Western Hood River Inn« (1108 Marina Way, Hood River, Tel. 541/386-2200, Fax 386-8905) blickt man direkt auf den Strom. Das »Columbia Gorge Hotel« (4000 Westcliff Rd., Hood River, Tel. 541/386-5566, Fax 387-5414) liegt an einem Wasserfall oberhalb des Flusses.

**Restaurants:** In der »Multnomah Falls Lodge« (US 30 oder Exit 81, I-84, Tel. 503/695-2376) zu Füßen der Wasserfälle, gibt es gute Fischgerichte. »The Mesquitery« heißt das Restaurant mit feuriger Südwest-Küche in Hood River (1219 12th St., Tel. 541/386-2002).

**Sehenswürdigkeiten/Museen:** Im »Vista House« des Crown Point State Park (US 30, Tel. 503/695-2240, Mitte April bis Okt. tgl. 9–18 Uhr) hat man einen weiten Blick auf das Flußtal und kann eine Ausstellung zum Columbia River besichtigen.

Eine umfassende Ausstellung zum Flußtal und seiner Entstehung zeigt das »Columbia Gorge Interpretive Center« (990 SW Rock Creek Dr., Stevenson, Tel. 509/427-8211, tgl. 10 bis 17 Uhr) am nördlichen Ufer.

Das »Maryhill Museum of Art« liegt einsam auf einer Anhöhe am Nordufer des Stromes (35 Maryhill Museum Dr., Goldendale, Tel. 509/773-3733, Mitte März bis Mitte Nov. tgl. 9–17 Uhr) und verblüfft unter anderem mit einer umfassenden Kollektion von Rodin-Skulpturen und -Bildern.

**Aktivitäten:** Das »Rhonda Smith Windsurfing Center« (Port Marina Park, Hood River, Tel. 541/386-9463) verleiht die Ausrüstung zum Surfen auf dem Columbia River, der hier bei starken und konstanten Winden, aber geringem Wellengang ideale Bedingungen bietet.

**Ausflüge:** Mit der »Columbia Gorge« kann man von Cascade Locks Fahrten durch das Flußtal unternehmen (Marine Park-Anleger, Tel. 541/374-8427).

**Information:** Columbia River Gorge, USDA Forest Service, 902 Wasco Ave., Hood River, Tel. 541/386-2333.

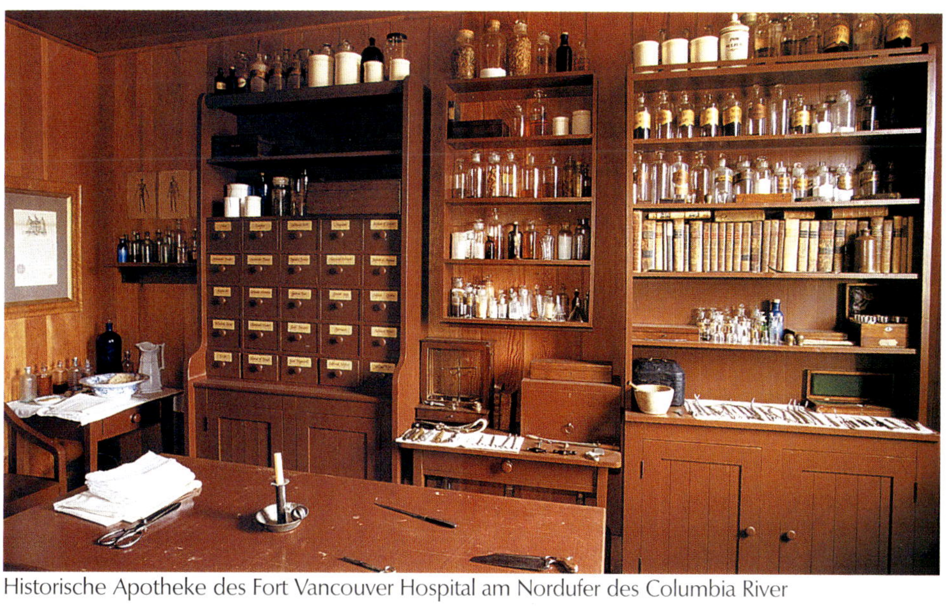
Historische Apotheke des Fort Vancouver Hospital am Nordufer des Columbia River

# Great Basin und High Desert – das »andere« Oregon

Großes Foto: John Day Fossil Beds National Monument, Painted Hills. Kleines Foto: Kletterer unterwegs im Smith Rock State Park bei Terrebonne.

Jenseits der häufig nebelverhangenen grünen Küste und der Gebirgskette der South Cascades liegt das »andere« Oregon. Farbenprächtig gezeichnete Felsen, Salzseen, verwitterte Vulkankegel, schwarze Lavafelder – der karge, sonnenverbrannte und fast menschenleere Osten des Landes ähnelt mit seinen riesigen Halbwüsten mehr dem »Wilden Westen« als dem feucht-fruchtbaren pazifischen Nordwesten.

Regenfälle speisen die flachen Seen und Sümpfe am Westrand des Hart Mountain

Malheur National Wildlife Refuge

Wer auf der Reise nach Osten die Bergkette der Southern Cascades hinter sich läßt, betritt eine andere Welt. Dort erstrecken sich die Halbwüsten der »High Desert« und des »Great Basin« bis nach Idaho im Osten und im Süden bis zur Spielerstadt Las Vegas in Nevada. Weit entfernt sind der Pazifik mit seinen nebelverhangenen grünen Küsten und die von Weinreben bestandenen Hügel im Willamette Valley. Hier brennt die Sonne vom blauen, wolkenlosen Himmel, bis zum Horizont ziehen sich die Salbeisteppen. Einzig in einigen künstlich bewässerten Flußtälern wie dem des Deschutes River wachsen Weizen und Gemüse.

Dutzende kleiner und größerer Vulkankegel, die meisten von ihnen bereits verwittert, erinnern daran, daß diese Landschaft erst vor relativ kurzer Zeit geformt

Etwa 30 000 Gabelantilopen leben im Wildschutzgebiet am Hart Mountain

**Der Südosten von Oregon gehört zu den am dünnsten besiedelten Landstrichen der USA. Rancher treiben ihre Rinder auf die riesigen Koppeln und lassen sie monatelang allein. Hier finden auch vom Aussterben bedrohte Tiere und Pflanzen Schutz. Im Hart Mountain National Antelope Refuge leben noch Tausende von Gabelböcken. Das Pronghorn gilt als schnellstes Säugetier der USA und kann Höchstgeschwindigkeiten von über 110 Stundenkilometern erreichen. Das Malheur National Wildlife Refuge um die flachen Malheur- und Harney-Seen ist in den Wintermonaten Rastplatz Zehntausender Zugvögel.**

Verlassenes Anwesen am Rand des Hart Mountain

worden ist. Einige Lavafelder südöstlich von Bend sehen aus, als wäre der Strom flüssigen Gesteins erst kürzlich zum Stillstand gekommen.

Im Nordosten klettern Wallowa- und Blue Mountains auf alpine Höhen. Der Gipfel des »Matterhorn« in dem auch »Little Switzerland« genannten Gebirgszug der Wallowas erreicht immerhin 3051 Meter. Der Snake River, hier Grenzfluß zum benachbarten Idaho, schneidet sich auf dem Weg nach Norden eine 1800 Meter tiefe und 170 Kilometer lange Schlucht durch die Berge.

Die Strecke durch den Nordosten Oregons, von der Mündung des Boise- in den Snake River über Baker City und bis zum Columbia River gehörte zur letzten Etappe des legendären Oregon Trail, über den Mitte des 19. Jahrhunderts viele zehntausend Pioniere auf Planwagentrecks in das Gelobte Land im Westen des Kontinents zogen. Dem »Interpretive Center« auf dem Flagstaff Hill gelingt es, die Atmosphäre der Maultierzüge, die Hoffnungen und Wünsche der Auswanderer lebensnah darzustellen.

## Der Südosten von Oregon ist nahezu unbewohnt

So einsam und provinziell sich der Nordosten von Oregon zeigt, im Vergleich zum Südosten erscheint er als lebhafte, urbane Region. Gebirgszüge, Steppe und Savanne des eigentlichen »Outback« sind fast menschenleer, hier sagen sich Füchse und Kojoten gute Nacht. Auf den weiten Flächen des »Cattle Country« werden Rinder gezüchtet.

Die Verwaltungsbezirke sind weitläufig und einsam. Das Harney County an der Grenze zu Nevada beispielsweise breitet sich über 25 500 Quadratkilometer aus und ist damit größer als Bundesstaaten wie Connecticut oder New Jersey an der Ostküste, hat aber nur wenig mehr als 7000 Einwohner. In der Einsamkeit östlich von Klamath Falls hatten die USA nach dem Überfall der japanischen Luftwaffe auf die Pazifikinsel Pearl Harbour eines der Internierungslager eingerichtet, in die US-Bürger japanischer Abstammung verschleppt wurden – aus Gründen der »Staatssicherheit«.

»Cattle Country« am Fuße der Steens Mountains

Die drei als National Monuments geschützten Gebiete der »John Day Fossil Beds« liegen weit auseinander an Nebenflüssen des John Day River, der in gewundenem Lauf dem Columbia River zustrebt. Die nach einem verunglückten Trapper aus Johann Jacob Astors »Pacific Fur Company« benannten Landschaften haben sich als hervorragende Fundgrube für Versteinerungen herausgestellt. Dieses naturgeschichtliche Freiluftmuseum ermöglicht einen fast lückenlosen Überblick über die Tier- und Pflanzenwelt, die in dieser Region vor 50 bis sechs Millionen Jahren existierte. Fossilien belegen, daß in Oregon vor 45 Millionen Jahren Palmen und Bananen wuchsen.

Es ist streng verboten, sich selbst mit Hämmerchen und Schaufel auf die Suche nach Versteinerungen zu machen. Mit einer Ausnahme: Hobby-Archäologen dürfen eine Fundstelle am Hang hinter der High School des Städtchens Fossil in der Nähe der »Clamo Unit« des Fossil Beds National Monument auf Versteinerungen durchforschen und ihre Ausbeute mit nach Hause nehmen.

Eine Straße führt durch die Sheep Rock Unit der John Day Fossil Beds bei Dayville

Nur noch vereinzelte Reste von Hinweisschildern oder Plakaten am Straßenrand erinnern an eine Episode, die die Region um das Bezirksstädtchen Madras Anfang der achtziger Jahre in die Weltpresse brachte. 1981 kaufte eine in rote Gewänder gehüllte religiöse Gruppe eine riesige, heruntergekommene Ranch am John Day River für sechs Millionen Dollar. Das 260 Quadratkilometer große Gelände blieb nicht lange einsam. Zunächst kamen 600 ebenfalls Rotgewandete aus verschiedenen Ländern und Erdteilen nach Oregon und begannen, Häuser, Gärten und Felder herzurichten.

## Der indische Guru Bhagwan mußte Oregon verlassen

Der spirituelle Anführer der weltweit vertretenen Sannyassin-Sekte, der Inder Bhagwan Shree Rajneesh, hielt es für falsch, durch Demut und Verzicht ein höheres geistiges Niveau zu erreichen. Mit demonstrativem Luxus wie 90 Rolls-Royce-Limousinen und der Propagierung »freier« Liebe brachte er die konservative Landbevölkerung gegen sich auf. Nachdem die Sannyassins versucht hatten, die Bezirksverwaltung von Madras unter ihre Kontrolle zu bekommen, entstanden

»Painted Hills« bei Mitchell

Im Smith Rock S. P. bei Redmond (unten)

**Im John Day Fossil Beds National Monument dokumentieren zahlreiche Versteinerungen 70 Millionen Jahre Erdgeschichte. Bei Clarno ragen bizarre Felsformationen in den Himmel. Nordwestlich von Mitchell liegen die Painted Hills, eine seltsame Landschaft mit abgerundeten, in unterschiedlichen Farben schimmernden Felsen. Das angesehene High Desert Museum südlich von Bend informiert über den Lebens- und Kulturraum dieser Wüsten- und Savannenlandschaft.**

Auf den 170 Meter hohen Aschekegel des Lava Butte führt ein Fußweg

Der Lava Butte gehört zur Newberry Crater Region mit ausgedehnten Lava-Feldern

Anti-Bhagwan-Gruppen. In einem Hotel der Gruppe in Portland explodierte eine Bombe. Schließlich verweigerte die Einwanderungsbehörde dem Bhagwan eine dauerhafte Aufenthaltsgenehmigung.

In der inzwischen ausgebauten und in Rajneeshpuram umbenannten Ranch sicherte eine bewaffnete Truppe den Komplex gegen Eindringlinge. Nach spektakulären Zusammenkünften und Festivals zerstritt sich die Führungsspitze der Sekte, Millionenbeträge verschwanden. Der Guru verließ das Land, lebte eine Zeitlang auf Einladung eines Pornoproduzenten in Kreta und erlitt am 19. Januar 1990 eine tödliche Herzattacke.

Wenn die seltenen Regenfälle in den kargen Steens Mountains niedergehen, plätschert in einem Dutzend schmaler Bäche, vom Indian Creek im Süden bis zum Kiger Creek im Norden Wasser die Berghänge herunter. Alle münden in einen Fluß, der dann zu respektabler Größe anschwillt und den bemerkenswerten Namen »Donner and Blitzen River« trägt. Dieser durchquert die Niederung des Malheur National Wildlife Refuge, mündet in den Malheur Lake und fließt, wenn dieser gefüllt ist, in den Harney Lake weiter. Das Feuchtgebiet gehört zu den bevorzugten Nistorten mehrerer hundert Vogelarten und zu den Rastplätzen Hunderttausender Zugvögel, die aus dem Norden in ihre kalifornischen und mexikanischen Winterquartiere unterwegs sind: Reiher, Ibisse, kanadische Schneegänse und Schwäne, Taucherenten, Fasane, Kormorane und die großen, weißen Pelikane, deren Flügelspannweite fast drei Meter beträgt.

## Über die Steens Mountains ins Hart Mountain National Antelope Refuge

Seit zehn Millionen Jahren faltet sich das Gebirge der Steens Mountains im Südosten von Oregon auf. Sein höchster Gipfel erreicht fast 3000 Meter. Gletscher kerbten die U-förmigen Täler Kiger, Little Blitzen, Big Indian und Wildhorse an der Nordflanke aus.

Einst trieben baskische Einwanderer ihre Schafherden über die Pässe. Vom Gebirgskamm sieht man im Südosten fast 1700 Meter tiefer die ausgetrocknete Alvord Desert, einst ein tiefer See. Um die Jahrhundertwende bauten hier chinesische Arbeiter Borax ab, das sowohl für die Seifen- als auch für die Porzellanherstellung verwendet wird. An einigen Wochenenden im Jahr belebt sich die Einsamkeit. Dann kommen Landsegler mit ihren Fahrzeugen in die Wüste, um Wettrennen auszutragen.

In den »Steens« leben Dickhornschafe, Hirsche und Rehe, aber auch die leichtfüßigen Pronghorns, die Gabelantilopen. Einst zogen Millionen dieser gehörnten Rehe, die zu den schnellsten Landtieren der Erde gehören, über die Steppen des Westens. Der größte Teil der 30000 braun und weiß gezeichneten Tiere bevölkert heute das Hart Mountain National Wildlife Refuge östlich des Warner Valley, das im Herbst an die afrikanische Serengeti erinnert.

**Anreise:** Greyhound (Tel. 800/231-2222) steuert auf seiner Linie zwischen Portland und Boise (Idaho) die Orte La Grande, Baker und Pendleton an. Am besten ist die Region per Leihwagen zu bereisen.

## Baker City

**Karte:** Seite 112/113, Planquadrat F 9.

**Unterkunft:** Das »Best Western Sunridge Inn« (1 Sunridge Lane, nahe der I-84, Baker City, Tel. 541/523-6444, Fax 523-6446) bietet moderne Zimmer, zwei Restaurants sowie einen Pool.

**Restaurants:** »The Phone Company« im ehemaligen Gebäude der Telefongesellschaft kann seine Gäste mit ausgezeichneten Fleischgerichten verwöhnen (1926 1st St., Baker City, Tel. 541/523-7997).
Der »Halfway Supper Club« bietet kreative, wunderbar zubereitete Gerichte am südlichen Rand der Wallowa Mountains (Pine Valley Lodge, 163 N Main St., Halfway, Tel. 541/742-2027).

**Ausflüge:** Trips mit dem Gummifloß oder einem Jet-Boot auf den Wildwassern des Snake River durch den Hells Canyon organisiert Hells Canyon Adventures (Oxbow, Tel. 800/422-3568).

**Information:** Baker County Visitor and Convention Bureau, 490 Campell St., Baker City, OR 97814, Tel. 541/523-3356.

## John Day Fossil Beds

**Karte:** Seite 112/113, Planquadrat F 6/7.

**Unterkunft:** »The Ponderosa Ranch« (Hwy. 395, zwischen John Day und Burns, Tel. 541/542-2403, Fax 542-2713), eine »working ranch« mit Gästehäusern, bietet Großstadtcowboys Auslauf und Ausritt.

**Sehenswürdigkeiten/Museen:** Im »Kam Wah Chung & Co. Museum« von John Day (Ing-Hay Way, Tel. 651/575-0028) gibt der »General Store und Trading Post« Einblicke in die Lebensbedingungen chinesischer Einwanderer des 19. Jh. Das Park Headquarter der drei Gebiete der »John Day Fossil Beds« liegt 36 Meilen westlich von John Day an der US 26 (Sheep Rock, Tel. 541/987-2333).

# REISE-INFO OREGON/OUTBACK

## Malheur Lake

**Karte:** Seite 112/113, Planquadrat G 8.

**Unterkunft:** Vom »Frenchglen Hotel« (Frenchglen, Tel. 541/493-2825), das kleine, günstige Zimmer und herzhafte Mahlzeiten anbietet, ist es nicht weit zum Wildschutzgebiet des Malheur Lake.
Von der Terrasse des »Steens Mountain Inn« (SR 205, Tel. 541/493-2738, Fax 493-2835) bietet sich ein herrlicher Blick nach Osten auf die Steens Mountains.

**Restaurants:** Im »Pine Room Café« der Oltman-Familie gibt es Suppen und Gerichte, die die deutsche Herkunft der Besitzer erkennen lassen (543 W Monroe St., Burns, Tel. 541/573-6631).

**Sehenswürdigkeiten/Museen:** Das Headquarter des »Malheur National Wildlife Refuge« liegt 30 Meilen südöstl. von Burns/SR 205, Tel. 541/573-4400, Mo bis Do 7–16.30, Fr 7–15.30, März–Okt. auch Sa 8–15 Uhr).

**Information:** Harney County Chamber of Commerce, 18 W D St., Burns, OR 97720, Tel. 541/573-2636. Lake County Chamber of Commerce, 513 Center St., Courthouse, Lakeview, OR 97630, Tel. 541/947-6040.

## Pendleton

**Karte:** Seite 112/113, Planquadrat E 8.

**Unterkunft:** »Working Girls Hotel« heißt das gemütliche Bed & Breakfast Inn, in dem um die Jahrhundertwende ein Bordell untergebracht war (17 SW Emigrant Ave., Pendleton, Tel. 541/276-0730, Fax 276-0665). In der »Wallowa Lake Lodge« aus den zwanziger Jahren wohnt man gemütlich, zum Teil mit Seeblick (60060 Wallowa Lake Hwy., Wallowa Lake/Joseph, Tel. 541/432-9821, Fax 432-4885).

**Restaurants:** Die »Great Pacific Wine and Coffee Company« (403 S Main St., Pendleton, Tel. 541/276-1350) schenkt dampfenden Café Latte und Espresso aus. Nur ein Gericht am Tag kocht der Küchenchef des »Vali's Alpine Deli & Restaurant« (59811 Wallowa Lake Hwy., Tel. 541/432-5691).

**Nachtleben:** »Wildhorse Gaming Resort« (72777 SR 331, Pendleton, Tel. 541/278-2274) nennt sich das Spielkasino der Umatilla-Indianer.

**Sehenswürdigkeiten/Museen:** Das »Round-Up Hall of Fame Museum« (1205 SW Court Ave., Pendleton, Tel. 541/278-0815, Mai–Okt. tgl. 10–17 Uhr) stellt allerlei Wissenswertes und Interessantes zum Cowboyleben und zu Rodeos aus. Im »Four Corners Manuel Museum« (400 N Main St., Joseph, Tel. 541/432-7235, Juni bis Okt. tgl. 8–17, Rest des Jahres Mo–Sa 10–16 Uhr) kann man neben vielen Memorabilia weißer Pioniere auch eine Ausstellung von Kleidung und Schmuck der Nez-Percé-Indianer bewundern.

**Aktivitäten:** Lamas tragen das Gepäck bei den Wanderungen mit »Hurricane Creek Lamas« durch die Bergwelt der Eagle Cap Wilderness (Mai–Sept., Joseph, Tel. 541/432-4455). Die »Hells Canyon Bicycle Tours« fahren über Stock und Stein durch eine urweltliche Landschaft (Joseph, Tel. 541/432-2453).

**Ausflüge:** »The Underground« heißt die Tour durch die Unterwelt von Pendleton, durch Tunnel, die einst Chinesen gruben, zu ehemaligen Bordellen und Kneipen (37 SW Emigrant Ave., Tel. 541/276-0730).
Mit der »Mount Howard Tramway« geht es in wenigen Minuten von Wallowa Lake (Tel. 541/432-5331, Juni bis Anfang Sept.) auf den knapp 2500 m hohen Mt. Howard, von dem bei gutem Wetter eine Sicht bis nach Idaho möglich ist.

**Information:** Pendleton Chamber of Commerce, 501 S Main St., Pendleton, OR 97801, Tel. 541/276-7411. Wallowa Mountains Visitors Center, SR 82, westl. von Enterprise, Tel. 541/426-5546. Hells Canyon National Recreation Area, 88401 SR 82, Enterprise, Tel. 541/426-4978.

Vom Parkplatz geht es auf Fußwegen durch die Lavafelder des Lava Butte

Natur bis zum Horizont: Die Gegend um die Steens Mountains ist ebenso dünn besiedelt wie der Rest von Südost-Oregon

Ein Jet-Boot kämpft sich durch den Hells Canyon

Seinen Ahnen gehörte einst der gesamte Kontinent

Blick auf die bewaldete Lavalandschaft bei Bend

**Der Snake River durchschneidet auf dem Weg nach Norden die alpinen Wallowa Mountains und hat im Nordosten Oregons mit dem Hells Canyon auf einer Länge von 70 Kilometern einen 2400 Meter tiefen Canyon geschaffen. Am besten erreicht man die Schlucht von Joseph aus. In dem Grenzgebiet zu Idaho siedelten die Nez-Percé- und die Cayusa-Indianer, ein kleines Volk, das Ende des 16. Jahrhunderts bereits Kontakt zu den Spaniern hatte und das Pferd in die Indianerkulturen der Plains einführte.**

Cayusa-Indianer bei Baker City

# Delikatesse und Wunder der Natur

## Lachs

Mit viel Geschick spannt eine Indianerin den ausgenommenen und von der Rückengräte befreiten Lachs auf Holzgestelle. Diese steckt sie in einem Kreis, etwa 50 Zentimeter von einem Erlenholzfeuer entfernt, schräg in die Erde, so daß die Innenseite der Fische zum Feuer zeigt. Wenn das Feuer nach 30 Minuten niedergebrannt ist und die glühende Holzkohle eine weitere Viertelstunde ihre Hitze abgegeben hat, muß das Gestell gewendet werden, so daß die Rückseite mit der Haut ebenfalls 15 Minuten der langsam abkühlenden Glut ausgesetzt ist. Nun ist der Fisch gar, sein mildes Aroma vom Feuer versiegelt. Etwas Salz und Zitronenbutter runden den köstlichen Geschmack ab.

In Tillicum Village auf Blake Island, nur eine kurze Bootsfahrt von Seattle entfernt, wird den Gästen zu einer Show mit überlieferten indianischen Tänzen eine in der traditionellen Weise der Makah-Indianer zubereitete Lachsmahlzeit serviert. Das zarte, saftige Fleisch zergeht auf der Zunge und unterscheidet sich deutlich von den faserigen Produkten flinker Fritteusenrestaurants, die auf schnelle Urlauberdollars aus sind.

Der pazifische Lachs, nicht zu verwechseln mit seinem Namensgefährten aus dem Atlantik, gehört seit jeher zu den wichtigsten Nahrungsquellen der indianischen Bewohner des Nordwestens. Einst warteten die Menschen jenseits des Kaskadengebirges an Stromschnellen mit Speeren und Netzen auf die flußaufwärts zu ihren Laichplätzen strebenden Lachse und taten es damit den Bären gleich, die versuchten, die kraftvoll springenden Fische in der Luft zu erwischen. Die Küstenindianer waren mit ihren Kanus unterwegs und machten in den Mündungsgebieten der Flüsse reiche Beute.

Der Lebenszyklus des pazifischen Lachses offenbart Erstaunliches. Je nach Lachsart verbringen die Fische zwischen einem und sieben Jahre im Pazifik zwischen der Küste von Alaska bis Nord-

Suquamish: Lachs bei den Chief Seattle Days

kalifornien sowie den Gestaden Ostsibiriens. Dann signalisiert ihr genetisches Programm den nahenden Zeitpunkt der Fortpflanzung, und sie streben auf mysteriöse Weise bis zu 3000 Meilen durch den Ozean zurück, genau zu der Flußmündung, die sie als Jungfische verlassen haben. Vermutlich bedienen sie sich dazu eines Geruchsgedächtnisses.

Sobald sie »ihren« Fluß wiedererkannt haben, hören sie auf, sich um Nahrung zu kümmern, leben fortan von ihrer Substanz und konzentrieren sich ganz auf den schwierigen Weg zu den Laichgründen. Dieser führt flußaufwärts, über Stromschnellen, an Fischern, Fischottern oder Bären vorbei und ist erst zu Ende, wenn sie den Ort erreicht haben, an dem sie selbst als befruchtetes Ei ihren Lebensweg begannen.

Der Chinook- oder Königslachs, der bis zu 50 Kilogramm wiegen kann, und der Coho- oder Silberlachs, der sich zur Paarungszeit grün-rot verfärbt und höchstens fünf Kilogramm auf die Waage bringt, gelten als die kräftigsten Springer und bewältigen drei Meter hohe Wasserkaskaden. Am Laichplatz angekommen, legt das Weibchen eine Kuhle aus Kies an. Die männlichen Tiere kämpfen gegeneinander um die Weibchen.

Nach kurzem Werben liegen beide nebeneinander über dem steinernen »Nest«, in das nun bis zu 4000 Eier gedrückt und vom männlichen Samen befruchtet werden. Das Leben der beiden Erzeuger neigt sich mit dieser letzten Kraftanstrengung dem Ende zu. Die Brut wächst im Laichfluß heran. Je nach Lachsart halten sich die Jungfische noch einige Zeit in den Seen und Bächen auf, um dann flußabwärts dem Ozean entgegenzueilen. Im Mündungsbereich der Flüsse gewöhnen sich die Tiere an das Salzwasser des Meeres, dann geht es in den Pazifik.

Auch die Lachse haben unter der menschlichen Zivilisation zu leiden: Durch Überfischung, die Verschmutzung der Gewässer und den Bau unüberwindlicher Staudämme sinkt der Bestand seit Jahren drastisch. Kanadische und US-Fischer bekamen sich in die Haare, beide blickten neidisch auf die ihrer Meinung nach zu hohen Fangquoten für die indianischen Reservationen. Als höchst umstritten gilt die Einführung des Atlantiklachses in einigen Zuchtbetrieben, da dieser einheimische Lachsarten zu verdrängen droht.

Traditioneller Lachsgrill mit Rahmen aus Zedernholz in der Warm Springs Reservation

King Salmon, »königlicher Lachs«, auf dem Pike Place Market von Seattle

Die mächtigen Dämme, die den Columbia River und verschiedene seiner Zuflüsse seit den dreißiger Jahren zu Seen aufstauen, um Elektrizität zu gewinnen und die Ackerflächen und Obstplantagen mit Wasser zu versorgen, wurden inzwischen mit Fischleitern versehen, die Lachse überwinden können, ohne in die häufig tödlichen Turbinen zu geraten. Elf staatliche Fisch-Aufzuchtstätten des »US Fish and Wildlife Service« allein im Bundesstaat Washington versuchen wie die »National Fish Hatchery« von Leavenworth den Lachsbestand jährlich aufzufrischen und entlassen zusammen mit ähnlichen Einrichtungen in den anderen westlichen Bundesstaaten rund 77 Millionen Jungfische in die Bäche und Flüsse. Vor hundert Jahren kehrten jährlich zwischen 10 und 16 Millionen Lachse aus dem Pazifik zurück, um im Einzugsgebiet des Columbia River zu laichen. Heute sind es weniger als zwei Millionen. Und nur knapp ein Viertel von ihnen stammt nicht aus den staatlichen Fischaufzuchtstätten.

Corky Broaddus von der »Fish Hatchery« in Leavenworth am Osthang der North Cascades organisiert jeden Herbst das große »Wenatchee River Salmon Festival«. Dann kommen Dutzende von Schulklassen aus der Region und viele tausend Besucher auf das ausgedehnte Gelände und können dabei einiges über die erstaunlichen Fische lernen und erfahren, was sie dazu beitragen können, um den Lebensraum der Lachse nicht weiter einzuengen.

»Vom Icicle Creek, in den wir die hier gezogenen Jungfische entlassen, ist es noch 500 Meilen und sieben Staudämme weit, bis an der Mündung des Columbia River der Pazifik erreicht ist. Weniger als ein halbes Prozent der ausgesetzten Lachskinder kehren einige Jahre später als ausgewachsene Königslachse zurück«, berichtet Corky ihren Besuchern. Der Rest ist Raubfischen, Adlern, Ottern, Seelöwen oder Orcas zum Opfer gefallen. Viele gingen in dem von Kraftwerken erwärmten Wasser zugrunde, starben an »Warmwater Disease«. Tödlich für die Tiere ist auch verschmutztes Flußwasser.

Zudem werfen Fischer ihre Netze nach den schwimmenden Delikatessen aus, um sie auf den Fischmärkten der Küstenorte zu verkaufen.

Die Menschen in Washington und Oregon lieben ihren Lachs, gebraten, gebacken, geräuchert oder gekocht, im Salat oder als Brotaufstrich. Den frischesten Lachs von Seattle gibt es an den appetitanregend dekorierten Fischständen beim »Pike Place Market« in der Innenstadt oberhalb der »Waterfront Piers« sowie beim »Wild Salmon Fish Market« am Salmon Bay Terminal, dem Heimathafen einer 700 Fischerboote starken Lachs- und Heilbuttflotte an der Durchfahrt vom Puget Sound zum Lake Union und Lake Washington.

Hier bezieht auch »Ivar's Salmon House« am Nordende des Union Lake die Grundstoffe für die erlesenen Lachsgerichte, die traditionell zubereitet, den Gästen in einem nachgebauten indianischen Langhaus serviert werden. Historische Fotografien, mehrere Einbaumkanus und andere Ausstellungsstücke zur Geschichte und Lebensweise der Küstenindianer lassen die Mahlzeit zu einem kulinarischen und kulturellen Ereignis werden.

**Adressen:** Tillicum Village, Abfahrt der Boote von Pier 56, Tel. 206/443-1244. »Ivar's Salmon House«, 401 NE Northlake Way, Tel. 206/632-0767. Leavenworth Fish Hatchery, 12790 Fish Hatchery Rd., Leavenworth, Tel. 509/548-7641, Fax 548-6263.

Bevor der Lachs auf den Grill kommt, wird die Rückengräte herausgelöst

# Kajak-Tour im Puget Sound

## Outdoor

Das geht schnell. Ein Sprung an Bord der »State Ferry« in Seattle, 35 Minuten später legen wir bereits in Winslow auf Bainbridge Island an. Sally von »Bainbridge Island Boat Rentals« erwartet uns schon. »Schön, daß ihr trotz der frühen Stunde pünktlich seid. Die anderen sind auch schon da. Das Wetter ist gut, die Kajaks sind bereit, es kann losgehen.« Sally ist geprüfter »Instructor« der »American Canoe Association«, unsere Gruppe von einem Dutzend abenteuerlustiger Kajakfahrer legt ihr Schicksal für die nächsten Stunden in bewährte Hände. Einen ganzen Tag wollen wir auf dem Wasser verbringen, Sally auf einer Tour halb um Bainbridge Island und hinüber nach Blake Island folgen. Ein »Lazy Day« wird es sicher nicht werden, unser Programm ist anspruchsvoll.

»Ich hoffe, ihr habt ein Regencape mit dabei, vorsichtshalber.« Haben wir, obwohl die fahle Sonne einen schönen Tag verspricht, aber man weiß ja nie. Im Moment scheinen allerdings Sonnenhut, -brille und -creme wichtiger. Es folgen Instruktionen für unseren gemeinsamen Trip, die Route wird genau erläutert, einige Signale zur Verständigung mit Paddel und Arm vereinbart, die Sicherheits- und Erste-Hilfe-Ausrüstung besprochen, wir werden ermahnt zusammenzubleiben, Sally zu folgen und sie nicht zu überholen. Noch ein letzter kurzer Hinweis von Sally: »I want you to paddle what I preach, so you have the most Ahhh!some experience possible.« Und nachdem wir unserem Guide versprochen haben »so zu paddeln, wie sie predigt«, legen wir endlich ab.

Vom Anlegeplatz in der geschützten, tief eingeschnittenen Bucht von Eagle Harbor gleiten wir vorbei an vielen anderen Freizeitbooten, an Villen und bescheidenen Holzhäusern, die direkt am bewaldeten Ufer des Puget Sound stehen. An einigen Stellen liegen noch Dunst- und Nebelschwaden über dem Wasser und verleihen der Fahrt etwas Geheimnisvolles. Am Ostufer des Puget Sound sind die Wolkenkratzer und die Space Needle von Seattle zu sehen. Außergewöhnlich, vor der Skyline einer Großstadt auf einen Naturtrip gehen zu können.

Eagle Harbor ist nur einige Paddelschläge entfernt vom »Cascadia Marine Trail«, einem Wasserwanderweg, der schöne Buchten und Inseln, ehemalige Küstenforts, indianische Siedlungsstätten sowie andere interessante kulturelle und historische Sehenswürdigkeiten miteinander verbindet und bis hinauf ins kanadische British Columbia reicht.

Der Weg nach Süden, um die Halbinsel Restoration Point, führt recht weit in das Fahrwasser des Puget Sound hinein. Der etwas zunehmende Wellengang erinnert daran, daß dies eine Tour mit dem Seekayak ist. Mächtige Containerschiffe ziehen nicht allzu weit an unserer Gruppe vorbei nach Süden, auf dem Weg zu den Hafenanlagen von Tacoma.

Kajakstation von Bainbridge Island

Am östlichen Ufer können wir das »Alki Point«-Leuchtfeuer der US-Küstenwache erkennen, das nachts und bei schlechtem Wetter Schiffen den Weg weist. Wie eine Fata Morgana schimmert der eisbedeckte Vulkankegel des Mt. Rainier in der Ferne. Ein unwirklicher Anblick. Rund 30 Meilen, also 50 Kilometer, ist der fast 4400 Meter hohe Bergriese entfernt. Unser Kurs geht nun hart steuerbord, in

Paddeln vor der Hochhaus-Kulisse von Seattle

die »Rich Passage«, einem S-förmigen Verbindungsstück zur Westseite von Bainbridge Island. An kleinen Anlegern vor den vereinzelten Häusern am bewaldeten Ufer sind Segelboote festgemacht, im flachen Wasser stakst ein Reiher geduldig umher, auf der Suche nach einem späten Frühstück. Hier sind auch schon zwei andere Kajakfahrer unterwegs, die uns mit geruhsamen Schlag und einem freundlichen Gruß passieren.

Am Fort Ward State Park ist es Zeit für eine Rast, die Boote werden auf den Strand gezogen, Wasserflaschen und Verpackungen der »High Energy Snacks« geöffnet. Sally erzählt uns, daß Schnorchler und Taucher den Park als sommerliche Basis nutzen. Von uns ist keiner so verwegen, sich zum Bad in die kühlen Fluten zu stürzen.

Sallys Art, sich während der Tour über sparsame Gesten mit uns zu verständigen, uns auf Pflanzen, landschaftliche Besonderheiten oder Tiere hinzuweisen, ist auch ohne viele Worte effektiv. Wir wissen immer, was sie vorhat, ohne lange Erklärungen, alles scheint unkompliziert und einleuchtend. Ein »Tour Guide«,

Vor jeder Tour gibt der Guide eine kurze Einweisung in die Grundregeln der Paddelkunst

so wird deutlich, muß gut paddeln können, aber er muß sich auch auskennen in der Kultur- und Naturgeschichte und Fertigkeiten haben als Meteorologe, Navigator, Erste-Hilfe-Experte, Biologe, Psychologe und Entertainer.
Weiter geht's. Quer über die »Rich Passage« nach Süden, hart vorbei am »Orchard Point«. Ein lautes »Tuuut!« reißt uns aus unserem Paddelrhythmus. Die »Washington State Ferry« überholt uns auf ihrem Weg nach Bremerton und Port Orchard am westlichen Ende des Sinclair Inlet. Einige Passagiere winken zu uns herüber, wir winken zurück.
Der Manchester State Park mit einem etwas über einen Kilometer langen Strand ist um die Überreste eines Küstenforts angelegt, das um die Jahrhundertwende den Zugang zur »Bremerton Navy Base« sichern half. Ein verlassenes Torpedolager erinnert an die militärische Vergangenheit der Sommerfrische.
Das nächste Ziel liegt klar vor uns: Blake Island, mitten im Puget Sound. Sally paddelt mit kräftigem Schlag vorweg, die Gruppe in Zweier- und Dreier-Kajaks hinterher. Die 190 Hektar große Insel ist von dichtem Wald bedeckt, ein kurzer Fußweg führt vom Anleger im Nordwesten zum aus Zedernholz gebauten Langhaus von Tillicum Village, in dem in den Sommermonaten zum traditionellen Lachsdinner auf einer Bühne Tänze vorgeführt sowie indianischen Mythen szenisch dargestellt werden. Uns erwartet eine köstliche Muschelsuppe, dazu saftiger, am Erlenholz-Lagerfeuer gebackener Lachs. Selten hat ein »Lunch« besser geschmeckt.
Ein Spaziergang über die Insel offenbart paradiesische Verhältnisse: Backenhörnchen turnen durch die Baumkronen, Sally zeigt uns einen Specht, der in einiger Entfernung kaum zu erkennen, aber unüberhörbar auf die Rinde einer Eiche einhämmert. Rehe äsen auf den meisten Waldlichtungen und ziehen ohne Hast wieder ins Unterholz auf der Suche nach neuen Weideplätzen. Ein Seeadler kreist hoch über uns.
Aufbruch. Eine lange, letzte Etappe liegt vor uns. Hinter den Wolken, die inzwischen am westlichen Horizont aufgezogen sind, türmen sich unsichtbar die Berge der Olympic Mountains. An klaren Tagen läßt sich der über 2000 Meter mächtige Höhenzug der Hurricane Ridge ausmachen.
Sally deutet auf die Wasseroberfläche schräg vor uns. Das Wasser bewegt sich, dann ist alles ruhig. Die typische, dreieckige Rückenflosse zeigt sich nicht. »Das wäre ein großes Glück gewesen, wenn wir einem Orca begegnet wären. Aber die verirren sich nur selten soweit nach Süden in den Puget Sound«, erläutert Sally knapp. Doch zwischen den San Juan Islands, weiter im Norden, trifft man die mächtigen, schwarz-weiß gezeichneten Tiere regelmäßig auch auf Touren mit dem Seekajak.

Orca-Wal in Sicht vor San Juan Island

Sally ist noch recht munter, als wir nach der langen und anstrengenden Nachmittagstour zurück von Blake Island wieder in die Bucht von Eagle Harbor hineingleiten. Wir sind erschöpft, aber glücklich und vermeiden jeden Gedanken an den Muskelkater, der uns am kommenden Tag bevorsteht.
**Adressen:** Bainbridge Island Boat Rentals, Winslow Waterfront Park, Bainbridge Island, Tel. 206/842-9229. Shearwater Adventures, Eastsound, Orcas Island, Tel. 360/376-4699.

Beeindruckendes Naturerlebnis: In der Ferne ragt der Gipfel des Mount Baker in die Höhe

# Höllentrip ins »Gelobte Land«

## Oregon Trail

Bei Independence an der Westgrenze von Missouri versammeln sich die Auswanderer. Schmiede reparieren für die große Reise Richtung Westen lädierte Planwagen, beschlagen Pferde und Maulesel. Die Händler in ihren General Stores machen das große Geschäft und verkaufen Vorräte für den langen Marsch. Büchsenmacher überprüfen Gewehre und Pistolen, sortieren Munition für die Jagd und zur Verteidigung. In den Saloons geben Western-»experten« ihre Erfahrungen für einige Biere zum besten.
Einige Auswanderer wollen auf eigene Faust losziehen nach Westen, ins »Gelobte Land«, andere haben sich schon verabredet, gemeinsam als »Wagon Train« aufzubrechen. Sie haben einen »Wagon Master« unter den eigenen Leuten gewählt oder einen erfahrenen »Westerner« angeheuert. Jede Familie, die sich auf die lange Reise machen will, setzt ihre Unterschrift unter eine gemeinsame Erklärung, »den Anweisungen des gewählten Treckführers zum Wohle des gemeinsamen Zieles Folge zu leisten«. Vor ihnen liegt ein 2000 Meilen langer Weg, über Prärien, durch Furten und Stromschnellen, über die Rocky Mountains, entlang tiefer Schluchten, über glühendheiße Wüsten. Für den weiten Weg nach Westen haben sich ganz unterschiedliche Menschen zusammengefunden. Abenteurer, denen das Leben im besiedelten Osten der USA zu eng geworden ist, Farmer aus den Appalachen oder dem Tal des Mississippi, die ertragreiche Äcker suchen. Andere, die ihre Schulden nicht zurückzahlen können und einen neuen Anfang versuchen wollen. Einige fliehen vor den US-Marshalls. Sie alle folgen dem »Ruf des Westens«, kennen die Schilderungen vom »Garten Eden«, von fruchtbaren Landstrichen, in denen Getreide, Gemüse und Früchte fast von allein gedeihen sollen, von fischreichen Gewässern, mildem Klima und gewaltigen Gebirgspanoramen, sie wollen in das »Promised Land« am Pazifik.
Das riesige Gebiet westlich der Rocky Mountains war bis zur Mitte des 19. Jahrhunderts von Weißen kaum besiedelt. Französische Voyageurs, englische Fallensteller sowie einige amerikanische Trapper durchstreiften das weitläufige Areal, die britische Hudson Bay Company betrieb einige Handelsstützpunkte für den Ankauf von Fellen. Dazu kamen die indianischen Bewohner von den Stämmen der Paiute, Nez Percé, Walla Walla, Cayuse, Yakima, Wenatchi, Klamath, von den Coos, Chinook, Quinault, Makah, Nisqualli oder Skagit. Sie lebten hier seit einigen tausend Jahren in festen Siedlungen oder als Halbnomaden mit Sommer- und Winterwohnsitzen.
Mehrere Expeditionsberichte und Erzählungen hatten den Mythos vom »Paradies« jenseits der Rockies begründet. Die ersten waren William Clark und Meriwether Lewis gewesen, die im Auftrag des US-Präsidenten Thomas Jefferson zwischen 1804 und 1806 bis an die Mündung des Columbia River in den Pazifik vorgestoßen waren. In einem Tagebuch

Living History: »Trapper« in Fort Clatsop

sowie mit zahlreichen Karten und Skizzen berichteten sie von ihrem Erkundungstrip. Und auch die Erzählungen des Pelzhändlers John Jacob Astor, der in den Jahren 1810/11 eine Handelsroute über Land zu etablieren versuchte, sowie die Schilderungen erster Missionare im Willamette-Tal von Oregon beförderten die immensen Erwartungen der Siedler. Die Aussicht, Tausende »irrgläubiger« Heiden auf den »Pfad des Herrn« zu führen, beflügelte die Phantasie methodistischer Prediger, sich auf den Weg nach Westen zu begeben.
Nachdem sich herumgesprochen hatte, daß sich 1836 mit den Missionarsfrauen Narcissa Whitman und Eliza Spalding die ersten beiden (weißen) Frauen auf einem Kutschwagen über den »South Pass« der Rocky Mountains gewagt hatten, um mit ihren Männern in der Nähe von Walla Walla eine Missionsstation aufzubauen, hatte der lange Weg für viele seinen Schrecken verloren. 1840 folgten ihnen 13 Emigranten, 58 waren es im Jahr darauf, 1842 wagten sich 125 mutige Seelen Richtung Westen.

Spiegeleier und Speck, Festmahl auf dem Trail – nachgestellt am Oregon Trail Interpretive Center

»Having a good time« – Musik im Oregon Trail Interpretive Center von Baker City

Einen Auswanderungsboom löste die amerikanische Regierung 1843 mit dem »Organic Act« aus, in dem sie jedem erwachsenen Siedler 260 Hektar Land und für jedes Kind 65 Hektar zusätzlich in dem fernen, auch von Großbritannien beanspruchten Territorium versprach.

Historischer Alltag in Fort Clatsop bei Astoria

Auf dem »Oregon Trail«, wie er nun hieß, zogen in den kommenden 15 Jahren zwischen 200000 und 300000 Siedler gen Westen, die meisten nach Oregon. Andere zweigten in Süd-Idaho nach Kalifornien ab. Ein Schild an der Weggabel mit einem Goldklumpen zeigte nach links, ein Pfeil unter dem Schriftzug »Oregon« – für die Lesekundigen – nach rechts. Die Planwagen, die ab April in Missouri starten konnten, krochen in Tagesetappen von 10 Meilen nach Westen, zwischen 160 und 200 Tage dauerte die Reise. Fast jeder zehnte Auswanderer erreichte nicht sein Ziel. Krankheiten, wie Cholera, oder Unfälle, die nur unzulänglich behandelt werden konnten, forderten etwa 20000 Tote. »Nur« 400 Emigranten fielen Indianerüberfällen zum Opfer, deren Siedlungs- oder Jagdgebiet die Wagenzüge durchquert hatten.

Hinter dem South Pass über die Rocky Mountains begann der schwierigste Teil der Reise. Es galt, glühendheiße Ebenen und den Snake River Canyon zu überwinden. Die fruchtbaren Täler des Powder River, eingerahmt von den Blue Mountains, erschienen wie eine Verheißung auf das nahe Ziel. Die letzte Etappe von »The Dalles« auf und über den Columbia River, wurde noch vielen zum Verhängnis.

»1. Nov.: Wir warten am Ufer, daß sich der scharfe Westwind legt, damit wir mit unserem Floß ablegen können. 3. Nov.: Den ganzen Tag Regen. Wir schaffen einige Meilen mit dem Floß, doch das Wasser ist zu rauh. Mein Mann und unser 16jähriger Sohn können es nicht schaffen. 9. Nov.: Im Morgengrauen ist mein Sohn Adam gestorben. 18. Nov.: Es regnet und schneit. Mein Mann ist krank. Wir haben noch fünf Meilen vor uns. Das Baby ist noch gesund. 20. Nov.: Meine Füße scheinen erfroren. 27. Nov.: Endlich in Port Vancouver angekommen. Mein Mann hat sich nicht erholt. 2. Feb.: Heute haben wir meinen geliebten Ehemann begraben. Nun muß ich für die sieben Kinder alleine sorgen.« Die Schilderungen im Tagebuch der Elizabeth Smith von 1847/48 spiegeln das Schicksal der Auswanderer wieder, jenseits der Romantik, die viele Hollywood-Filme vorgaukeln. Mehrere tausend Siedler, die in wenigen Jahren den strapaziösen und gefährlichen Trail unternommen hatten, untermauerten den Anspruch der USA auf das Territorium im Nordwesten. 1846 verzichtete Großbritannien auf alle Gebiete südlich des 49. Breitengrades, der noch heute die Grenze zu Kanada bildet.

In zwei großen Besucherzentren – auf dem Flagstaff Hill bei Baker City im Osten von Oregon sowie in Oregon City, dem Endpunkt der Strecke im Norden des Willamette-Tals – wird die Geschichte des Trails, werden Mythen, Leiden, Hoffnungen und Glück der Pioniere mit gestalteten Szenen, Dokumenten und Erzählungen wieder lebendig. Die gelungene Ausstellung in der Reservation von Warm Springs erzählt jene Jahrzehnte aus dem Blickwinkel der indianischen Ureinwohner, deren Lebensumstände sich damals dramatisch verschlechterten.

**Adressen:** »National Historic Trail Interpretive Center«, P. O. Box 987, Baker City, OR 97814, Tel. 541/523-1843, April–Okt. tgl. 9–18, sonst bis 16 Uhr. »End of the Oregon Trail Interpretive Center«, 1726 Washington St., Oregon City, OR 97045, Tel. 503/657-9336, Ende Mai–Mitte Sept. tgl. 11–17 Uhr. »The Museum at Warm Springs«, 2189 US 26, Warm Springs, OR 97761, Tel. 503/553-3331, tgl. 10–17 Uhr.

Von Missouri bis zum Pazifik, eine 200 Tage lange Planwagen-Reise: Geschichte in Oregon City

# Allgemeine Reise-Informationen

## Adressen

Oregon & Washington State, c/o Wiechmann Tourism Services, Scheidswaldstr. 73, 60385 Frankfurt, Tel. 069/4059574, Fax 439631. Oregon Tourism Commission, 775 Summer St. NE, Salem, OR 97310, Tel. 503/986-0011, Fax 986-0001. Washington State Tourism Division, 101 General Administration Building, Olympia, WA 98504-2500, Tel. 360/753-5601, Fax 753-4470. Affiliated Tribes of Northwest Indians (ATNI), 222 NW Davis, Portland, OR 97209, Tel. 503/241-0070, Fax 241-0072.
Generalkonsulat der Bundesrepublik Deutschland, 1 Union Sq., Suite 2500, 600 University St., Seattle, WA 98101, Tel. 206/682-4312, Fax 682-3724 (auch für Oregon zuständig).

## Anreise, Einreise

Zur Einreise in die USA genügt für Deutsche, Schweizer und Österreicher ein Reisepaß, der mindestens bis zur Ausreise gültig sein muß. Die Aufenthaltsdauer des touristischen Aufenthaltes darf dabei 90 Tage nicht überschreiten, zudem muß ein Rück- oder Weiterflugticket vorhanden sein. Der Paß reicht auch aus, um über die Grenze einen Ausflug nach Kanada zu unternehmen.
Die meisten Flugreisenden werden auf dem SEA-TAC Airport südlich von Seattle ankommen. Die Einreise über den modernen Flughafen von Portland ist mit verschiedenen US-Airlines möglich.
**Zoll:** Alle Gegenstände des persönlichen Bedarfs können zollfrei in die USA eingeführt werden. Ausgenommen sind lebende Tiere, Pflanzen, Lebensmittel, explosive Stoffe oder Rauschgifte. Reisende über 21 Jahre dürfen zudem je 200 Zigaretten oder 50 Zigarren (nicht aus Cuba) oder 1350 g Tabak sowie 1 l Spirituosen einführen. Wer Medikamente, die süchtig machende Bestandteile beinhalten, oder Narkotika mit sich führt, sollte ein englischsprachiges Attest seines Arztes vorlegen können.

Reiseziele für Weintrinker: Oregon, Washington

## Behinderte

Wer mit körperlichen oder auch geistigen Behinderungen fertig werden muß, wird in den USA meist bessere Urlaubsbedingungen vorfinden als in vielen anderen Staaten. Auch im pazifischen Nordwesten sind an Straßen-Übergängen Kantsteige für Rollstuhlfahrer abgeflacht, verfügen Post, Bank, Behörden, aber auch viele Nationalparks, Hotels und Restaurants über behindertengerechte Einrichtungen. Die Easter Seal Society (521 2nd Ave. W., Seattle, WA 98119, Tel. 206/281-5700) veröffentlicht einen speziellen Führer für Seattle und kennt Informationsadressen für andere Regionen.

## Einkaufen

Bei einem Dollar-Kurs von etwa 1,75 DM lassen sich Einkäufe generell etwas günstiger als in Europa realisieren. Wer in »factory outlet malls«, in denen Markenfabrikanten ihre Produkte mit Preisabschlägen anbieten, einkauft, kann z. B. bei Sportartikeln, Bekleidung oder optischen Geräten zusätzliche Preisvorteile erzielen. Oregon kennt keine Mehrwertsteuer, in Washington kommt zu den ausgezeichneten Preisen 7 bis 8,2 Prozent »sales tax« hinzu.

## Elektrizität

Bei Elektrogeräten sollte man darauf achten, daß diese auf 110 Volt Wechselstrom umschaltbar sind. Außerdem ist ein Adapter mit amerikanischem Blattstecker nötig, der im heimischen Elektrogeschäft verkauft wird.

## Essen, Trinken

Die Bewohner des pazifischen Nordwestens gelten in den USA seit einigen Jahren als Feinschmecker. In Washington und Oregon werden hervorragende Weine produziert, die kalifornischen Tropfen in nichts nachstehen. Süffiges Bier aus Micro-Breweries, Mini-Brauereien, die meist nach deutschem Reinheitsgebot für einen regionalen Markt produzieren, lassen den schlechten Ruf einiger amerikanischer Großproduzenten vergessen. Zudem haben Kaffeehäuser und Espressobars, wie Starbuck's, mit italienisch anmutenden Röstungen von Seattle aus ihren Siegeszug über die USA angetre-

## REISEDATEN USA-NORDWESTEN

| Flug von Deutschland | Inlandsverkehr | Reisepapiere | Devisen | Mietwagen | Benzin | Hotel (DZ) | Motel (DZ) | Menü | Einfaches Essen | Ortszeit | Nationalparks |
|---|---|---|---|---|---|---|---|---|---|---|---|
| ab 700 bis 1500 DM | Greyhound Ameripass, 15 Tage: 500 DM | Reisepaß, mindestens bis zum Ende der Reise gültig | 1 US-$ = ca. 1,82 DM 1 US-$ = ca. 1,07 Euro | ab 350 DM pro Woche, inkl. Steuern, Versicherung | 1 Liter Super: ca. 0,35 US-$ | Mittelklasse: Seattle: ab 75 US-$ Land: ab 50 US-$ | ab 35 US-$ | ab ca. 16 US-$ pro Person | ab ca. 7 US-$ | MEZ –9 Std. | Eintritt 10 US-$ pro Pkw (inkl. aller Pers.) |

ten. Café Latte und Espresso sind in Oregon und Washington lange keine Fremdwörter mehr. Natürlich sind auch im Nordwesten die gängigen Fast-food-Ketten vertreten, mit Pizzas, Burgern oder Tacos. Entlang der Pazifikküste lohnt es sich jedoch, das reichhaltige und preisgünstige Angebot an Meerestieren zu nutzen: Austern, Krebse (besonders lekker ist die Dungeness Crab) und Fische. Lachs (Salmon) wird in vielen Variationen zubereitet. Besonders schmackhaft ist die Zubereitung auf »indianische Art«: Dazu wird der Lachs in einen Rahmen gespannt und an der offenen Glut gegrillt. In den Bergen findet man häufiger Forellen (Trout) auf der Speisekarte.
Jenseits der Cascades Mountains beginnt bereits das Gebiet der großen Ranches, das »Cattle Country«. Steaks, Prime Rib, auch Lammkoteletts können »well done« (durch), »medium« oder »rare« (innen blutig) geordert werden. Viele Restaurants offerieren zudem eine gutbestückte Salatbar, an der man sich für einen Pauschalpreis bedienen kann.
In den USA ist es nicht üblich, daß sich der Gast selbst einen Tisch sucht. Hier gilt es zu warten, bis die Hosteß einen Platz zuweist: »Please wait to be seated.«

## Feiertage, Ferien

An den folgenden Feiertagen sind Büros sowie viele Museen und Geschäfte geschlossen: 1. Januar (New Years Day); 3. Montag im Januar (Martin Luther King Jr. Day); 3. Montag im Februar (Presidents Day, Geburtstag von Washington und Lincoln); letzter Montag im Mai (Memorial Day zu Ehren gefallener Soldaten, Beginn der Sommersaison); 4. Juli (Independence Day/Unabhängigkeitstag); 1. Montag im September (Labor Day/Tag der Arbeit, Ende der Sommersaison); 2. Montag im Oktober (Columbus Day), wird in Indianerreservationen meist nicht begangen; 11. November (Veterans Day/Tag der Kriegsveteranen); 4. Donnerstag im November (Thanksgiving/Erntedankfest); 25. Dezember (Weihnachtsfeiertag).

Trendsetter und Wirtschaftsmetropole: Die meisten Touristen erreichen die Region über Seattle

## Fotografie

Wer in die USA reist, legt seine Filme besser nicht in den Koffer. Die installierten neuesten Durchleuchtungsgeräte hinterlassen auf nicht entwickelten Filmen Schleier. Die Filme gehören deshalb ins Handgepäck.

## Geld

1 US-Dollar teilt sich in 100 Cent. Gebräuchliche Banknoten lauten auf 1, 5, 10, 20, 50 und 100 Dollar. Kleinere Geschäfte akzeptieren 100-Dollar-Noten ungern oder gar nicht. Zudem gibt es 500- und 1000-Dollar-Noten. Alle Geldscheine haben dieselbe Farbe und Größe, sie unterscheiden sich durch ihren Wert und unterschiedliche historische Motive. Münzen gibt es in folgenden Werten: 1 Cent (penny), 5 Cent (nickel), 10 Cent (dime), 25 Cent (quarter), 50 Cent (half dollar), 1 Dollar. Die beiden letzten Werte sind äußerst selten.
Viele Rechnungen in Hotels und Restaurants, aber auch beim Einkaufen lassen sich mit einer Kreditkarte begleichen. Am gebräuchlichsten sind Visa sowie Mastercard/Eurocard.
Auf eine amerikanische Bank bezogene Travellerschecks werden von fast allen Geschäften wie Bargeld akzeptiert. Das Wechselgeld erhält man in bar zurück. Europäische Währungen lassen sich nur an wenigen Wechselstuben in Seattle oder Portland in US-Dollar verwandeln, Euroschecks und Euroscheckkarte sind unbekannt.

Am besten, man macht sich seine Souvenirs selbst: Malerin am North Cascade Highway bei Diablo

## Gesundheit

Die amerikanische Gesundheitsversorgung ist ausgezeichnet, leider aber nicht billig. Da zwischen Deutschland und den USA kein Versicherungsabkommen besteht, übernimmt die gesetzliche Krankenkasse grundsätzlich keine Kosten. Der Abschluß einer Auslandskrankenversicherung, die den Rücktransport einschließt, ist daher als Vorsichtsmaßnahme anzuraten. Die Kosten von Arztbesuchen und Medikamenten müssen vorgestreckt werden (meist per Kreditkarte möglich). Sie lassen sich dann bis auf einen Selbstbehalt von der Reiseversicherung wieder einfordern. Einfache Schmerz-, Erkältungs- oder Magenmittel sowie diverse Hormon- und Vitaminpräparate sind ohne Rezept im Supermarkt oder Drugstore erhältlich.
Über die einheitliche Notrufnummer 911 lassen sich Polizei, Feuerwehr oder Notarzt gebührenfrei alarmieren.

## Kleidung

Die richtige Kleidung hängt von der Jahreszeit und den Reisevorhaben ab. »Casual«, leger, geht es in den meisten Restaurants und Hotels an der Westküste zu. Nur selten wird auf Jackett oder gar Krawatte Wert gelegt. In den Badeorten achtet man jedoch auf ein Minimum an Bekleidung. Ein Schild mit der Aufschrift »No shirt – no shoes = no service« hängt daher als Aufforderung, zumindest ein Hemd und Schuhe anzuziehen, in den Fenstern mancher Restaurants. Nacktbaden gilt geringstenfalls als moralischer Affront, häufig sogar als Gesetzesverstoß. Bei den kalten Wassertemperaturen im Pazifik handelt es sich ohnehin um ein zweifelhaftes Vergnügen. Badekleidung darf man schon wegen der vielen Pools in den Hotels und mancher schöner Badestellen an Flüssen und Seen nicht vergessen. Wer vorhat, die Naturschönheiten nicht nur durchs Autofenster zu betrachten, sollte sich zudem ein Paar geländegängige Schuhe einpacken. Ein Pullover oder eine Strickjacke tut an kühleren Abenden gute Dienste. Leichte Regenkleidung kann sich insbesondere beim Besuch der Regenwälder auf der Olympic-Halbinsel lohnen.

## Klima, Reisezeit

Die Sommermonate von Ende Mai bis September sind die beste Reisezeit für den Nordwesten. Doch auch hier ist man vor allem westlich der Coast Range vor gelegentlichen Regenschauern und

| Seattle | Temp. max. | Temp. min. | Wassertemp. | Regentage | Sonnenstd. |
|---|---|---|---|---|---|
| Januar | 8° | 2° | 9° | 15 | 2 |
| Februar | 10° | 3° | 8° | 13 | 4 |
| März | 12° | 4° | 8° | 14 | 6 |
| April | 15° | 6° | 9° | 11 | 7 |
| Mai | 18° | 9° | 10° | 8 | 8 |
| Juni | 21° | 12° | 12° | 7 | 9 |
| Juli | 24° | 14° | 13° | 4 | 10 |
| August | 24° | 14° | 13° | 4 | 9 |
| September | 21° | 12° | 13° | 7 | 7 |
| Oktober | 16° | 8° | 12° | 10 | 5 |
| November | 11° | 5° | 11° | 15 | 2 |
| Dezember | 8° | 3° | 10° | 16 | 2 |

Quelle: Seewetteramt Hamburg

Extravagante Tankstelle, ungewohnte Maße: Auch im Teapot Dome in Zillah wird in Gallons gerechnet

Nebelschwaden nicht gefeit. Der Pazifik übt im Winter einen mildernden Einfluß auf das Klima in den Küstenregionen aus. Östlich der Cascades, besonders im Süden von Oregon, herrschen auch noch im Oktober passable Temperaturen. Hier wird es im Sommer zwischen 35 und 40 Grad Celsius heiß.

Mit einer Reihe von Abfahrtsgebieten und Loipen gibt es im Kaskadengebirge sowohl in Washington als auch in Oregon gute und bis in den April schneesichere Skigebiete.

## Literatur

**Sachbücher:** Die renommierte Stiftung »Smithsonian Institution« in Washington D. C. gibt zwei anspruchsvolle Buchreihen heraus, die naturkundlich oder kulturhistorisch interessierten Lesern eine Fülle von Anregungen bietet. Der pazifische Nordwesten wird in den folgenden Bänden behandelt: The Smithsonian Guides to Historic America, Vol. VII, The Pacific States, New York 1989, 496 Seiten, davon etwa 120 zu Oregon und Washington; The Smithsonian Guides to Natural America, The Pacific Northwest, Washington Oregon, New York 1995, 287 Seiten.

**Belletristik:** David Guterson, der auf einer Insel im Puget Sound lebt, gelang mit seinem 1995 ins Deutsche übersetzten Roman »Schnee, der auf Zedern fällt« ein überraschender internationaler Erfolg (Goldmann, 1998). Die Aufklärung des Mordes an einem Fischer ist verwoben mit einfühlsamen Schilderungen von Menschen und Natur sowie den Gewalttaten, die Amerikaner japanischer Abstammung während des Zweiten Weltkrieges erdulden mußten. Der Roman spielt ebenso wie der Erzählungsband »Das Land vor uns, das Land hinter uns« (Goldmann, 1999) und sein neuester Roman »Östlich der Berge« (Berlin Verlag, 1999) in der großartigen Landschaft des amerikanischen Nordwestens, deren eindrucksvolle Schönheit den Gegenpol zum Kleinmut eines dem Tode geweihten Arztes bildet und ihn lehrt, an das Leben zu glauben und sich nicht dem Tod hinzugeben.

Annie Dillard, die selbst mehrere Jahre auf einer Insel der San Juan Islands und an der Bellingham Bay gelebt hat, beschreibt in ihrem Roman »Am Rand der Neuen Welt« (Klett Cotta, 1995) die Geschichte einer verhängnisvollen Beziehung dreier Männer vor dem Hintergrund der gewalttätigen Schönheit der Natur des pazifischen Nordwestens.

Jack Kerouac verfaßte mit seinem erstmals 1958 erschienenen Roman »Gammler, Zen und Hohe Berge« (Rowohlt, 1998) das Dokument der Beat Generation, die jenseits der Zivilisation, aber nicht ohne Drogen und Musik, die Natur wieder für sich entdeckt.

Tom Robbins, der in La Conner am Puget Sound lebt, gelang mit »Ein Platz für Hot Dogs« (Rowohlt, 1997), einer skurrilen Geschichte, in welcher die sterblichen Reste von Jesus Christus aus dem Vatikan zu einer Hot Dog-Bude im Skagit Valley gebeamt wurden – ein surrealistischer Kult-Klassiker. Mit »Sissy, Schicksalsjahre einer Tramperin« (Rowohlt, 1994) entdeckt er die Bedeutung des Daumens für die Zivilisation, der turbulente Roman »Halbschlaf im Froschpyjama« (Rowohlt,

1998) beginnt mit einem Crash an der Börse von Seattle. Der utopische Roman »Ökotopia« von Ernest Callenbach (Rotbuch Verlag, 1995) schildert die Entwicklung einer fiktiven, unabhängigen Ökorepublik im Nordwesten der USA.

## Maße, Gewichte

Die mehrfach angekündigte Umstellung der Maßeinheiten auf das Dezimalsystem ist im Gegensatz zum Nachbarn Kanada in den Anfängen steckengeblieben. Auf vielen Verpackungen ist inzwischen der Inhalt in Litern und Gramm zusätzlich zu »ounce« und »gallon« angegeben. An den Tachometern der Mietwagen werden neben den Meilen pro Stunde auch km/Std. vermerkt.

**Längen:**
1 inch (in.) = 2,54 Zentimeter
1 foot (ft.) = 30,48 Zentimeter
1 yard (yd.) = 91,44 Zentimeter
1 mile (mi.) = 1,609 Kilometer

**Flüssigkeiten:**
1 pint (pt.) = 0,473 Liter
1 quart (qt.) = 0,946 Liter
1 gallon (gal.) = 3,785 Liter

**Gewicht:**
1 ounce (oz.) = 28,35 Gramm
1 pound (lb.) = 453,60 Gramm
1 hundredweight = 50,80 Kilogramm

**Temperaturen:**
Wärme und Kälte werden nicht in Grad Celsius (°C), sondern in Graden Fahrenheit (°F) gemessen. Der Gefrierpunkt von Wasser bei 0 °C entspricht einer Temperatur von +32 °F.
°F kann man nach folgender Formel in °C umrechnen: Fahrenheit minus 32, geteilt durch 1,8 gleich Celsius.
Beispiele: 32 °F = 0 °C, 50 °F = 10 °C, 59 °F = 15 °C, 68 °F = 20 °C, 77 °F = 25 °C, 86 °F = 30 °C, 95 °F = 35 °C, 104 °F = 40 °C.

## Öffnungszeiten

Die Ladenschlußzeiten in den USA sind nicht gesetzlich geregelt. In den Einkaufszentren, den »shopping malls« an den Ausfallstraßen der Städte, haben die Geschäfte gewöhnlich Mo–Sa bis 21 Uhr, So bis 18 Uhr geöffnet. Manche Lebensmittelsupermärkte schließen nie. Kleine Läden haben ähnlich wie Büros meist Mo–Fr von 9 bis 17 Uhr offen. Einige arbeiten zudem auch am Wochenende. Tankstellen entlang der großen Highways sind häufig 24 Stunden zugänglich. In den Bergen oder im einsamen Südosten von Oregon sollte man sich rechtzeitig um einen vollen Tank bemühen.

## Post

Die Postämter im pazifischen Nordwesten der USA haben meist von Mo bis Fr 9–17 Uhr geöffnet, einige machen eine Mittagspause zwischen 12 und 13 Uhr. In größeren Städten sind sie zuweilen bis 18 Uhr offen, dazu auch am Samstag 9–13 Uhr.
Eine Postkarte nach Europa muß mit einer 50 Cent-, ein Luftpostbrief mindestens mit einer 60 Cent-Briefmarke frankiert werden. Beide sind eine Woche unterwegs. Porto gibt es in Postämtern sowie in einigen Drugstores oder Automaten, dort jedoch meist mit Aufschlag. In Hotels kann zudem häufig die Rezeption aushelfen. Briefkästen sind dunkelblau und oben abgerundet (Aufschrift: »US-Postal Service«).
Auch wenn das Ansehen der Post in den letzten Jahren wieder gewachsen ist, haben United Parcel Service (UPS) sowie Federal Express bei der Paket- und der Eilzustellung die Nase vorn. Deren Dienste sind deutlich schneller, aber auch deutlich teurer.

Wassersportlern bietet der amerikanische Nordwesten viele Möglichkeiten: Kajaktour im Puget Sound

## Sicherheit

Zwar sind Washington und Oregon keine Inseln der Seligen, dennoch ist die Kriminalitätsrate im Nordwesten deutlich geringer als in Los Angeles oder anderen Ballungsräumen im Mittleren Westen und im Osten der USA. Allgemeine Vorsichtsmaßnahmen, Wertsachen nicht offen herumliegen zu lassen, keine großen Bargeldbeträge mit sich herumzuführen oder nicht in düsteren einsamen Gegenden herumzuspazieren, gelten auch hier.

## Sport

**Bergsteigen/Bergwandern:** Die Cascades sind als herausforderndes und interessantes Gelände zum Wandern und Klettern sehr beliebt. In einer fünfstufigen Skala sind von der Kategorie I (Bergwandern) bis Kategorie V (sehr schwierig, ausgezeichnete Fitneß und Fertigkeiten erforderlich) viele abwechslungsreiche Gebiete vorhanden. Der Gipfel des Mt. Hood sowie der von Gletschern bedeckte Mt. Rainier gehören zu den beliebtesten Kletterzielen. Seit sich die Natur das Terrain langsam zurückerobert, sind in den letzten Jahren Bergwandertouren zum Kraterrand des Mt. St. Helens immer gefragter geworden. Die Wände beim Icycle, einer Gebirgsklamm nahe Leavenworth (WA) sowie der Smith Rock nördlich von Redmond (OR) gehören zu den beliebten Klettergebieten.
**Fahrradfahren:** Biking wird in den USA, zumindest im Nordwesten immer beliebter. Die Country Roads auf den Inseln im Puget Sound, die Region um das Methow Valley (WA) am Osthang der Cascades sowie das Terrain um Bend (OR) gehören zu den Lieblingsstrecken der Mountainbiker. Oregon und Washington veröffentlichen Karten und Beschreibungen für die besten Fahrrad-

routen: Bicycle Program, Washington State Department of Transportation, 310 Maple Park Ave., Olympia, WA 98501, Tel. 360/705-7277 sowie Bikeway Program Manager, Oregon Dpt. of Transportation, Bicycle Program, Transportation

Wanderer unterwegs zum Mt. Rainier-Gipfel

Bldg., Room 200, Salem, OR 97310, Tel. 503/378-3432.

**Golf:** Vor allem in Oregon, entlang der Küste, in der Region um Portland und in der High Desert um Redmond bieten viele Dutzend öffentliche und an Hotelanlagen angegliederte Golfplätze auch Reisenden unbegrenztes Golfvergnügen.

**Wandern:** Einige tausend Meilen gespurter Hiking Trails stehen Wanderern im Pazifischen Nordwesten der USA zur Verfügung. Wer will, kann auf dem 4221 km langen Pacific Crest Trail, der Britisch Columbia mit dem nördlichen Mexiko verbindet, Washington und Oregon von Nord nach Süd durchwandern oder entlang dem Oregon Coast Trail die Küstenlandschaft erkunden. Einige der längeren Trails in den bergigen Nationalparks sind so beliebt, daß für sie ein Erlaubnisschein (»permit«) notwendig ist.

**Wasser- und Strandsport:** Polare Meeresströmungen sorgen für kaltes Wasser an den Pazifikgestaden von Oregon und Washington. Nordseerprobte Schwimmer könnten dennoch einen Sprung ins kühle Naß wagen. Neoprenanzüge wärmen Wellenreiter, also echte Surfer, die in der langgezogenen Dünung auf »the big wave« warten. An den Stränden wird gewandert und gejoggt, einige Abschnitte der Sandfelder der Oregon Dunes sind sogar für Dune Buggies freigegeben. Im Insellabyrinth des Puget Sound und der Juan de Fuca-Straße kommen Windsurfer, Segler und Seekajakfahrer auf ihre Kosten. Diese können vor allem im Frühjahr häufig Grauwale aus der Nähe beobachten, die aus Alaska in Richtung Baja California an der Küste entlangziehen.

Auch die vielen Seen, Flüsse und Bäche im Inland sind bei Kajak- und Kanufahrern sowie Floßabenteurern beliebt.

Das Örtchen Hood River am Südufer des mächtigen Columbia Flusses hat sich zu einem Zentrum der Windsurfer gemausert. Der meist spürbare Westwind, entgegengesetzt zur Strömungsrichtung des Wassers, schafft »kabbelige« Wellen, die erfahrene Surfer lieben. In ruhigeren Ausbuchtungen des Stromes lernen Anfänger die Grundelemente dieses Sports.

**Wintersport:** Langlauf- und Abfahrtsski sowie Snowboarder finden in Washington und Oregon Dutzende von Skigebieten und dazu einige hundert Kilometer gespurter Pisten. Zu den populärsten Touren gehört die auf dem Höhenzug rund um den Crater Lake. Abfahrtsskigebiete, deren Pulverschnee besonders Snowboarder schätzen, erstrecken sich von der kanadischen Grenze bei Mt. Baker in der Nähe von Bellingham (WA) bis an die Südgrenze von Oregon bei Ashland. Hurrikane Ridge im Olympic N. P., Stevens Pass bei Leavenworth sowie Crystal Mountain nahe dem Mt. Rainier N. P. in Washington und die Gebiete um den Mt. Hood östlich von Portland sowie den Mt. Bachelor westlich von Bend in Oregon haben bei den Anhängern des weißen Sports einen guten Namen.

## Steuern

Die USA kennen keine bundeseinheitliche Mehrwertsteuer. Die einzelnen Bundesstaaten legen eine »sales tax« auf Güter autonom fest. In Washington liegt der Steuersatz zwischen 7 und 8,2 Prozent, je nach Gemeinde, Oregon hat auf diese Steuer verzichtet. Unabhängig davon legen Städte und Gemeinden eine »room tax« für Übernachtungen fest, die sich etwa zwischen 5 Prozent (Seattle) und 9 Prozent (Portland) bewegt. Wer Hotels bereits in Europa über einen Reiseveranstalter bucht, hat die Steuern bereits eingeschlossen.

## Telefon

Die Telekommunikation ist in den USA privat organisiert. Eine dreistellige Vorwahlnummer (»area code«), z. B. 503 für Portland, wird gefolgt von einer siebenstelligen Rufnummer. Für Ferngespräche muß der Vorwahl eine 1 vorangestellt werden. Die Vorwahlen 800 und 888 sind gebührenfrei, sie werden häufig als Service-Nummern von Hotels, Airlines oder Unternehmen angeboten. Wer diese Nummern von Deutschland anwählt, wird allerdings mit normalem Auslandstarif belastet. Die Vorwahl für die USA lautet 001. Wer Hilfe beim Telefonieren benötigt, kann mit der 0 einen Operator der Telefongesellschaft erreichen. Die Kosten eines handvermittelten Telefonats sind allerdings höher.

Auf den Zahlentasten des Telefons sind einigen Ziffern drei Buchstaben zugeordnet (2 = ABC, 3 = DEF, 4 = GHI, 5 = JKL, 6 = MNO, 7 = PRS, 8 = TUV, 9 = WXY). So können Firmen ihre Rufnummer mit einem einprägsamen Wort darstellen, wie z. B. die La Quinta-Hotelkette mit 1-800/nu-rooms.

Viele öffentliche Telefone sind bereits auf Karten umgestellt. Die auf einen bestimmten Dollarbetrag lautenden Telefonkarten kann man bei der Post, in Tankstellen oder in vielen Supermärkten

Lakedale Resort Campground auf San Juan Island: US-Campingplätze bieten reichlich Platz

erwerben. Zusätzlich bieten Telefongesellschaften (u. a. Deutsche Telekom, AT & T, Sprint) Karten an, die über die eigene Kreditkarte abgerechnet werden. Mit den Telefonkarten lassen sich zudem meist die recht hohen Aufschläge vieler Hotels umgehen.

Um von Washington und Oregon nach Deutschland zu telefonieren, wählt man zunächst 011 (Auslandsverbindung), dann 49 für Deutschland (Schweiz: 41, Österreich: 43), dann die Gebietsvorwahl ohne vorangestellte 0, dann die Rufnummer. R-Gespräche nach Deutschland, bei denen der angerufene Teilnehmer bezahlt, lassen sich bei verschiedenen amerikanischen Telefongesellschaften anmelden, bei AT & T unter 800/292-0049.

Wer auf sein Handy nicht verzichten will, kann sich bei seiner Telefongesellschaft nach der Möglichkeit, dieses in den USA weiter zu benutzen, erkundigen oder ein Leihgerät übernehmen. Die meisten Netzbetreiber verfügen inzwischen in den USA über »Roaming Partner«, mit Hilfe derer man auch bei einer Wanderung im Olympic N. P. für das heimische Büro erreichbar bleibt.

## Trinkgeld

Pauschalen für Bedienung sind selten in der Rechnung für Hotels oder Restaurants enthalten. So gehört das Trinkgeld, der »tip«, zu den wichtigen Bestandteilen beim ansonsten dürftigen Gehalt von Mitarbeitern im Dienstleistungsgewerbe. Bei gutem Service sind 15 Prozent Trinkgeld im Restaurant üblich. Das Zimmermädchen freut sich über 1–2 Dollar pro Tag, Gepäckträger an Bahnhöfen, Flughäfen und im Hotel erwarten 1 Dollar pro Gepäckstück.

## Unterkunft

**Bed & Breakfast:** Kleine, persönlich geführte Hotels, umgebaute viktorianische Villen, häufig mit historischem Mobiliar, ein üppiges Frühstück, vielleicht ein »afternoon tea« oder ein Gläschen Wein mit Käse zum Abend: Bed & Breakfast versteht sich im pazifischen Nordwesten nicht als einfache, preisgünstige Unterkunft im Gästezimmer einer Familie, sondern als geschmackvolle, individuelle Herberge, in der die Übernachtung ihren Preis hat. Die Unterkünfte lassen sich direkt oder über verschiedene Zentralen reservieren, u. a. Northwest Bed & Breakfast Reservation Service, 610 SW Broadway, Portland, OR 97205, Tel. 503/243-7616.

**Camping:** Staatliche Campingplätze in vielen State- sowie in den Nationalparks liegen meist in landschaftlich besonders reizvollen Gebieten. Einige lassen sich im voraus reservieren, die meisten verfahren nach dem Prinzip: »First come, first served«, also: »Wer zuerst kommt, campt zuerst.« Daneben bietet eine Vielzahl privater Campgrounds in allen Regionen ihre Dienste für Zelte und Campmobile an. Die meist überdurchschnittlich gut ausgestatteten Plätze der Kampgrounds of America, KOA, sind in einer Broschüre zusammengefaßt, Plätze lassen sich im voraus reservieren und per Kreditkarte bezahlen. Info: KOA, P. O. Box 30558, Billings, MO 59114, Tel. 406/248-7444.

**Hotel/Motel/Lodge:** Hotel- und Motelunterkünfte gibt es in jeder großen und mittleren Stadt. Neben vielen Kettenhotels, die auch über zentrale Reservierungsnummern gebührenfrei gebucht werden können, bieten viele privat geführte Hotels und Gasthöfe ihre Dienste an. Engpässe können allein in den Feriengebieten an der Küste oder im Gebirge in der Saison auftreten. In Seattle oder Portland belegen die Besucher von Messen oder Tagungen größere Kontingente in Hotels. Nationalpark-Lodges sollten so früh wie möglich reserviert werden, sie liegen meist traumhaft schön und sind Monate im voraus ausgebucht.

Alljährlich im August finden die Chief Seattle Days in Suquamish statt

Einige Reservierungstelefonnummern: »Best Western«: 800/528-1234, »Courtyard by Marriott«: 800/321-2211, »Days Inn«: 800/325-2525, »Hilton«: 800/445-8667, »Holiday Inn«: 800/465-4329, »Hyatt«: 800/233-1234, »Motel 6«: 800/440-6000, »Quality Inns«: 800/228-5151, »Ramada«: 800/228-2828, »Sheraton«: 800/325-3535.

**Jugendherbergen:** Das Netz von Jugendherbergen oder preisgünstigen YMCA-Hotels ist in Nordamerika weitaus dünner als in Europa. In Washington gibt es Herbergen in Seattle, Spokane, Vashon Island, Port Townsend, Fort Flagler, Chinook, Blaine und Bellingham, in Oregon in Portland, Ashland, Seaside, Bend, Bandon, Cave Junction, Corvallis und Dexter. Ein Jugendherbergsausweis, der in Deutschland vom Jugendherbergswerk ausgestellt wird, ist für die Übernachtung in Jugendherbergen notwendig. YMCA- und andere Budgethotels werden inzwischen bereits von einigen Reiseveranstaltern in Deutschland mit angeboten.

## Veranstaltungen

**Januar:** Das Chinesische Neujahrsfest wird mit Drachenumzügen und Feuerwerk besonders farbenprächtig in Seattle und Portland begangen.

**Februar:** Zur Northwest Garden & Flower Show erblüht ein Blumenmeer unter den schützenden Dächern des Washington State Convention Center in Seattle. Während des Shakespeare Festival wer-

den im Elisabethan Theatre, einer 1200 Plätze fassenden Freiluftbühne in Ashland bis Oktober Stücke von Shakespeare und zeitgenössischen Autoren gezeigt.
**März:** Mitte des Monats beginnt ein mehrwöchiges Whale-Fest in Westport (WA), wenn 20000 Grauwale von Alaska an der Küste vorbei nach Süden ziehen.
**April:** Zum Skagit Valley Tulip Festival in Washington erblühen Millionen Tulpen.
**Mai:** Zum Frühlings-Drachenflieger-Festival steigen in Lincoln City (OR) fantastische Flugapparate gen Himmel. Zum »Cinco de Mayo«-Festival feiern die hispanischen Bewohner von Portland ein Volksfest. Das »Viking Fest« in Poulsbo (WA) läßt die norwegische Heimat der Vorfahren lebendig werden. Das Northwest Folklife Festival in Seattle gehört zu den größten Volkskunst-Festen der USA.
**Juni:** Anfang Juni feiert Portland (OR) zwei zwei Wochen mit Blumenkorsos, Konzerten, Karnevalsveranstaltungen sein Rosenfestival. Das Britt Festival in Jacksonville (OR) präsentiert sich als Potpourri von Konzerten verschiedener Musikgenres, von Tanz- und Ballettaufführungen.
**Juli:** Jazz- und Bluegrass-Konzerte gibt es beim Oregon Coast Music Festival in Coos Bay, North Bend und Charleston mitzuerleben. Ihren Höhepunkt erreicht die Festsaison von Seattle Ende Juli in der Seafair mit Paraden, Sportwettkämpfen, Märkten, ethnischen Festivals, Bootsrennen und Vorführungen der »Blue Angels«, der Jagdflugzeugstaffel der US-Navy.
**August:** Ende August steigen Drachen aller Größen und Farben in den Himmel über Long Beach beim Washington State International Kite Festival. Zu den Chief Seattle Days, einem indianischen Pow Wow in Suquamish (WA), werden Abordnungen von vielen Stämmen erwartet.
**September:** Am letzten Wochenende erheben sich bis zu 30 Meter lange Drachen im Wind zum herbstlichen Drachenflieger-Festival von Lincoln City. Beim Ellensburg Rodeo, dem größten Rodeo von Washington, kann man waghalsige Ritte auf ungezähmten Pferden und Bullen miterleben. Beim Oktoberfest im »Bavarian Village« Leavenworth (WA) geht es zu Umptata-Musik hoch her.

Durch das Tal des Columbia River fahren mehrere Fernzüge der US-Eisenbahngesellschaft Amtrak

**Oktober:** Beim Medford Jazz Jubilee in Oregon spielt ein Dutzend Spitzenbands.
**November:** Truthahn und Weine gibt es zum Winery Thanksgiving im Yakima Valley (WA).
**Dezember:** Beim Snowflake Festival & Parade in Klamath (OR) geht es um Winter, Eis und Weihnachten. Im Portland Convention Center sind zum Festival of Trees geschmückte Weihnachtsbäume und Spielzeugeisenbahnen ausgestellt.

## Verkehrsmittel

**Auto/Wohnmobile:** Mietwagen und Wohnmobile sind die idealen Verkehrsmittel für einen Urlaub im pazifischen Nordwesten. Die Straßen sind meist ausgezeichnet. Im Gebirge werden in den Wintermonaten einige Pässe gesperrt. Wer den Mietwagen bereits im heimischen Reisebüro bucht, erzielt meist einen günstigeren Preis und hat Steuern, Versicherungen und unbegrenzte Meilen bereits eingeschlossen. Bei den meisten Mietwagenunternehmen beträgt das Mindestalter für die Anmietung 21 Jahre, ist der Fahrer unter 25 Jahre alt, wird eine obligatorische Zusatzversicherung fällig. Wohnmobile für die Sommermonate sollten rechtzeitig reserviert werden, da dann, im Gegensatz zum Frühjahr und Herbst, die Nachfrage das Angebot übersteigt.
**Bahn:** Trotz der Konkurrenz durch das Flugzeug haben sich noch einige Strecken des einst bedeutenden Personenbahnverkehrs Amtrak erhalten. Der »Coast Starlight« verbindet Seattle mit Portland und Eugene und führt ins südliche Kalifornien. Der »Pioneer« fährt von Seattle nach Portland und dann am südlichen Ufer des Columbia River entlang einer spektakulären Route nach Osten. Der »Empire Builder« fährt von Portland am Nordufer des mächtigen Stromes nach Osten und trifft bei Spokane (WA) auf eine andere Strecke dieses Zuges, die das Zentrum von Ost-Washington von Seattle aus ansteuert. Informationen zu Amtrak und seinen regionalen Railpässen, die günstigere Tarife ermöglichen, erhält man in ausgewählten Reisebüros oder bei der deutschen Generalagentur Meso-Amerika-Kanada-Reisen (Wilmersdorfer Str. 94, 10629 Berlin, Tel. 030/

In Baker City wird im Oregon Trail Interpretive Center die Geschichte wieder lebendig

Das Fort Nisqually bei Tacoma diente der Hudson Bay Company einst als Stützpunkt

8814122, Prospektbestellungen per Fax 03475/682824). Der Coastal Railpass (30 Tage unbegrenztes Fahren entlang der Pazifikküste) kostet 225 US-$ (in der Hauptsaison 275 US-$), der Far West Railpass (30 Tage unbegrenztes Fahren westlich Albuquerque/Denver) 240 US-$ (in der Hauptsaison 310 US-$; 15 Tage 185 US-$ und 240 US-$ in der Hauptsaison).

**Bus:** Greyhound verbindet mit seinen komfortablen Überlandbussen die mittleren und größeren Städte des Nordwestens miteinander und den übrigen USA. Kleinere Orte oder die Nationalparks werden jedoch nicht angesteuert. Informationen zu Verbindungen und Preisen von »Ameripässen«, die vergünstigtes Fahren zwischen vier und 60 Tagen auf dem Streckennetz erlauben, lassen sich in guten Reisebüros oder bei der deutschen Generalvertretung ISTS (Türkenstr. 71, 80799 München, Tel. 089/272710, Fax 089/2723700) erfragen. Informationen in den USA: Tel. 800/231-2222.

Die Busse von Green Tortoise verkehren auf der Strecke zwischen Seattle und San Francisco. Der Fahrtpreis ist günstiger als bei Greyhound; die Fahrt dauert aber länger, da Pausen zur Rast oder zum Baden nicht selten sind (Info-Tel. 800/2274766).

**Flugzeug:** Die internationalen Flughäfen von Seattle-Tacoma sowie Portland verbinden die beiden größten Städte des Nordwestens mit den meisten mittelgroßen Städten der Region. Horizon Air und Northwest United Express heißen die beiden wichtigsten Regionalfluggesellschaften. Wer einen oder mehrere der kleineren Flughäfen des Nordwestens anfliegen will, sollte sich im Reisebüro erkundigen, ob es preisgünstiger wird, einen Airpass in Kombination mit dem Transatlantikflug oder mehrere zusätzliche Einzelflüge zu buchen.

## Zeittafel

**Ca. 25 000 bis 8000 v. Chr.**
Nachkommen von Nomaden, die über die Landbrücke von Asien eingewandert sind, siedeln im pazifischen Nordwesten der heutigen USA. Sie leben vorwiegend von Fischfang und Landwirtschaft.

**1542**
Juan Rodriguez Cabrillo erforscht im Auftrage der spanischen Krone die pazifische Küste von Nordamerika.

**16.–18. Jh.**
Im Auftrag Englands und Spaniens wird die Nordwestküste erkundet und kartographiert, u. a. von Francis Drake, Juan de Fuca, Martín de Aguilar, James Cook und George Vancouver.

**1670**
Die Hudson Bay Company erhält vom englischen König Charles II. das Privileg für den Pelzhandel im Norden Amerikas.

**1741**
Der in russischen Diensten stehende Däne Vitus Bering dringt nach Alaska vor und begründet den Anspruch des Zaren auf die pazifische Küste.

**1776**
13 britische Kolonien an der Ostküste erklären ihre Unabhängigkeit.

**1792**
Der amerikanische Kapitän Robert Gray erkundet das Mündungsgebiet des Columbia River.

**1804–1806**
Im Auftrag des US-Präsidenten Jefferson erforschen Meriwether Lewis und William Clark das Gebiet des im Jahr zuvor von Frankreich erworbenen Territoriums von Louisiana. Sie dringen am Ufer des Columbia River bis an die pazifische Küste vor.

**1811**
Johann Jacob Astor läßt Fort Astoria nahe der Mündung des Columbia River für seine Northwest Fur Company erbauen.

**1841**
Auf dem Oregon Trail ziehen die ersten Siedlertrecks mit Planwagen gen Westen.

**1846**
Der 49. Breitengrad wird zur Grenze zwischen den USA und Großbritannien.

**1848**
Nach siegreichem Krieg gegen Mexiko annektieren die USA große Gebiete im Westen. Das Areal zwischen dem 42. und dem 49. Breitengrad wird zum US-Territorium Oregon erklärt.

**1853**
Washington wird von Oregon abgespalten und zum eigenen US-Territorium.

**1859, 1889**
Oregon und Washington werden US-Bundesstaaten.

**1877**
Die Kapitulation des Nez-Percé-Häuptlings Joseph beendet die Indianerkriege im Nordwesten.

**1916**
Bei Seattle konstruiert William E. Boeing sein erstes Wasserflugzeug.

**1962**
Weltausstellung in Seattle.

**18. Mai 1980**
Ein gewaltiger Vulkanausbruch des Mt. St. Helens verwüstet die Landschaft.

**In den 80er und 90er Jahren**
Microsoft aus Seattle und weitere EDV-Firmen wie Amazon entwickeln den Nordwesten zu einem der weltweit führenden Software-Anbieter.

Stand der Angaben: April 1999.

PACIFIC OCEAN
Vancouver Island
VANCOUVER
NEW WESTMINSTER
Richmond
Delta
SURREY
Nth. Vancouver
Port Coquitlam
Victoria
Saanich
Nanaimo
Juan de Fuca Strait
Olympic Mountains
SEATTLE
Bellevue
Everett
TACOMA
Olympia
Bellingham
Mt. Vernon
Aberdeen
Centralia
Longview
Kelso
PORTLAND
Vancouver
Gresham
Hillsboro
Beaverton
Salem
Corvallis
Lebanon
Yakima
Ellensburg
Wenatchee
Moses Lake
Kennewick
Pasco
Richland
Walla Walla
Pendleton
La Grande
SPOKANE
Coeur d'Alene
Lewiston
Clarkston
Penticton
Cranbrook
Nelson
Trail
Okanogan Range
Cascades
Blue Mountains
Wallowa Mountains
Selkirk Mountains
Purcell Mountains
Cabinet Mountains
Hells Canyon
Columbia Riv.
Snake Riv.
British Columbia
Washington
Oregon

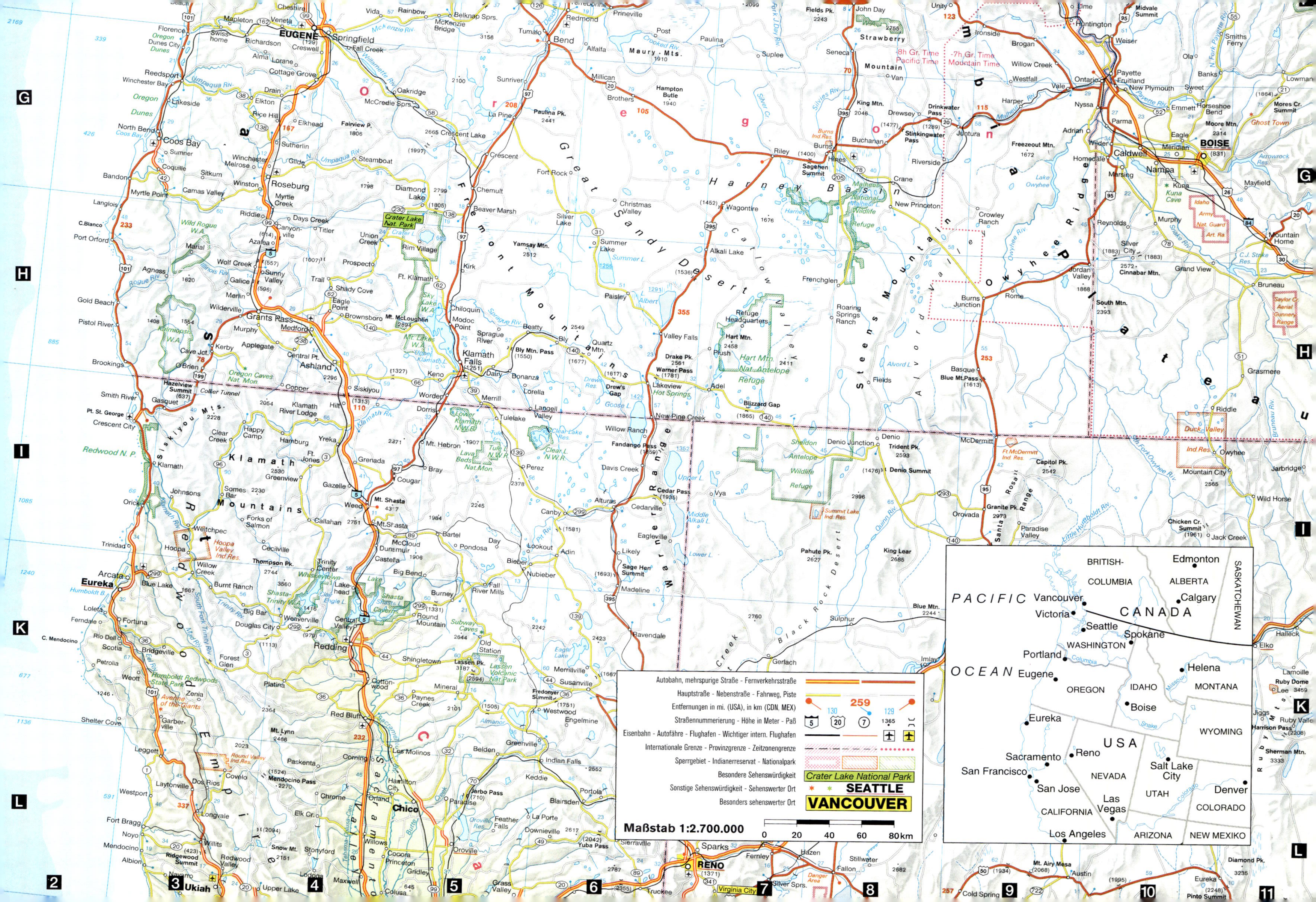
Autobahn, mehrspurige Straße - Fernverkehrsstraße
Hauptstraße - Nebenstraße - Fahrweg, Piste
Entfernungen in mi. (USA), in km (CDN, MEX)
Straßennummerierung - Höhe in Meter - Paß
Eisenbahn - Autofähre - Flughafen - Wichtiger intern. Flughafen
Internationale Grenze - Provinzgrenze - Zeitzonengrenze
Sperrgebiet - Indianerreservat - Nationalpark
Besondere Sehenswürdigkeit
Sonstige Sehenswürdigkeit - Sehenswerter Ort
Besonders sehenswerter Ort
Crater Lake National Park
SEATTLE
VANCOUVER
Maßstab 1:2.700.000
0 20 40 60 80km
PACIFIC OCEAN
CANADA
USA
BRITISH-COLUMBIA
ALBERTA
SASKATCHEWAN
WASHINGTON
OREGON
IDAHO
MONTANA
WYOMING
NEVADA
UTAH
COLORADO
CALIFORNIA
ARIZONA
NEW MEXIKO
Edmonton
Calgary
Vancouver
Victoria
Seattle
Spokane
Portland
Eugene
Helena
Boise
Eureka
Reno
Sacramento
San Francisco
San Jose
Salt Lake City
Denver
Las Vegas
Los Angeles
EUGENE
BOISE
RENO
Redwood N. P.
Crater Lake Nat. Park
Great Sandy Desert
Harney Basin
Steens Mountains
Owyhee Plateau
Klamath Mountains
Fremont Mountains
Sacramento Valley
Black Rock Desert

# Register

Seitenzahlen, die auf Infoseiten hinweisen, sind **fett** gedruckt. Die Koordinaten in Klammern beziehen sich auf die Karte Seite 112/113.



# Lieferbare Ausgaben

16 Ägypten
44 Argentinien
45 Australien – Melbourne · Tasmanien · Westen
27 Australien – Ostküste
12 Bali · Lombok · Java
30 Brasilien – Rio und die Küste · Minas Gerais
55 Dominikanische Republik · Haiti
10 Hongkong
25 Himalaya
53 Indien: Rajasthan – Delhi · Agra
39 Indien: Südindien
52 Indischer Ozean – Madagaskar · Mauritius La Réunion · Seychellen · Komoren
7 Island
17 Israel
23 Japan
47 Jemen
29 Jordanien
32 Kanadas Osten – Québec · Ontario
13 Kanadas Westen
9 Karibik
15 Kenia
33 Kuba
54 Madeira – Azoren · Kapverden
8 Marokko
21 Mexiko
40 Mittelamerika – Guatemala · El Salvador Honduras · Belize
14 Moskau
18 Neuseeland
43 Peking
51 Peru
19 Singapur · Malaysia
34 Sri Lanka und Malediven
22 Südafrika · Namibia
49 Südkorea
38 Südsee
41 Syrien
4 Thailand
6 Türkei – Ägäisküste · Istanbul
1 Türkei – Südküste
3 Tunesien
28 Venezuela
36 Vietnam

**USA-Themen:**
48 Chicago und die Großen Seen
11 Florida
24 Hawaii
2 Kalifornien
31 Nationalparks
46 Neuengland – Boston
20 New Orleans und die Südstaaten
5 New York
35 Nordkalifornien · San Francisco
56 Nordwesten – Washington · Oregon
50 Rocky Mountains
42 Südkalifornien · Los Angeles
37 Südstaaten · Washington D. C.
26 Südwesten

# In Vorbereitung

57 Chile
58 Alaska
59 Texas

# Impressum


**Verlag:**
**HB Verlags- und Vertriebs-Gesellschaft mbH, Alsterufer 4, 20354 Hamburg, Postfach 30 06 60, 20347 Hamburg, Tel. 040/41 51-04, Telefax 040/41 51-18 52.**
**Geschäftsführer:**
**Kurt Bortz, Dr. Joachim Dreyer, Dr. Brigitte Nimnate**



**Redaktion und Produktion:**
Harksheider Verlagsgesellschaft mbH, Fabersweg 1, 22848 Norderstedt, Tel. 040/52 88 62-0, Telefax 040/5 23 40 56
E-mail HVGmbh@aol.com
**Redaktion:**
Ulrike Klugmann (verantwortlich)
Jörg Gensel

**Text:** Axel Pinck, Hamburg
**Fotografie:** Peter Frischmuth, argus, Hamburg
Zusätzliches Fotomaterial:
Seite 64 oben: HB-Verlag/Piepenburg, Hamburg
**Grafische Gestaltung:**
Gerhard Keim, Frankfurt/Main
**Karten:**
Seite 112/113: © Falk Verlag GmbH
Seite 21, 40, 48, 66 und 89:
© cartomedia, Karlsruhe

Für die Richtigkeit der in diesem HB-Bildatlas Special angegebenen Daten – Adressen, Öffnungszeiten, Telefonnummern usw. – kann der Verlag keine Garantie übernehmen.
Nachdruck, auch auszugsweise, nur mit ausdrücklicher Genehmigung des Verlages.
Erscheinungsweise: zweimonatlich

**HB-Bildatlas Special Fotoservice:**
Harksheider Verlagsgesellschaft mbH, Fabersweg 1, 22848 Norderstedt, Tel. 040/52 88 62-22, Telefax 040/5 23 40 56

**Vertrieb Zeitschriftenhandel:**
Partner Pressevertrieb GmbH, Postfach 810420, 70521 Stuttgart, Telefon 07 11/72 52-227, Telefax 07 11/72 52-310
**Vertrieb Abonnement und Einzelhefte:**
Zenit Pressevertrieb GmbH, Postfach 8106 40, 70523 Stuttgart, Telefon 07 11/72 52-198, Telefax 07 11/72 52-333
**Vertrieb Buchhandel:**
Mairs Geographischer Verlag, Marco-Polo-Zentrum, 73760 Ostfildern, Telefon 07 11/45 02-0, Telefax 07 11/45 02-340

**Anzeigenalleinverkauf:**
KV Kommunalverlag GmbH, Postfach 8105 65, 81905 München, Telefon 089/92 80 96-24, Telefax 089/92 80 96-20

**Reproduktionen:**
Otterbach Repro GmbH & Co., Rastatt
**Druck und buchbinderische Verarbeitung:**
Schnitzer Druck GmbH, Korb
Printed in Germany

ISBN 3-616-06457-0

Titel: Seattle mit Space Needle